L'anglais est un jeu

Laurence Rico
Catherine Groud

L'anglais est un jeu

Jeux et questions pour réviser son anglais

Librio

Inédit

La collection « ... est un jeu » est dirigée par Pierre Jaskarzec

Les auteures remercient Jay Siskin, Sophie Mesplède, Anna Ward et Virginie Rousseau pour leur relecture.

Sommaire

Introduction

L'anglais est un jeu… « *Pas pour moi* », dites-vous ? Votre langue devient lourde au moment de conjuguer ? Vous êtes dans le noir le plus complet quand il vous faut donner une date ? Vous n'osez jamais commander au restaurant, de peur de vous retrouver avec une tête de veau en gelée de groseille ? Eh bien, justement, ce livre est pour vous ! Vous pourrez oser toutes les réponses sans que les pages s'autodétruisent ou vous dénoncent aussitôt comme linguistiquement incorrect !

Si vous maniez l'anglais avec un peu plus d'assurance et que vous voulez juste tester vos connaissances, vous trouverez vous aussi de quoi vous amuser, de quoi vous creuser l'esprit… et des pièges dans lesquels tomber.

Cet ouvrage se présente sous la forme d'une série de jeux organisés en chapitres. Ils permettent de réviser les bases de la langue anglaise (vocabulaire et grammaire) en douceur, avec des corrections commentées et illustrées par de nombreux exemples.

Ce petit livre ne peut être exhaustif, mais il permet d'avancer d'un pas mieux assuré sur les chemins tortueux de la langue d'Oscar Wilde… et des Spice Girls. Vous y rencontrerez les principales difficultés auxquelles se heurte un francophone lorsqu'il aborde la langue de James Joyce et de David Beckham. Elles s'expliquent souvent par nos habitudes tenaces d'usagers de la langue française. Pensez-y, vous n'êtes pas seul à faire toujours telle ou telle erreur ! *L'anglais est un jeu* se propose également de remettre de l'ordre dans vos mauvais réflexes et vos vrais acquis, en révisant les principales conjugaisons, l'utilisation des mots-outils les plus courants et les expressions incontournables. Les chapitres correspondent à des situations ou des contextes définis, utilisant un vocabulaire thématique. Vous vous baladerez au bord de la mer, dans l'espace, vous irez à l'hôtel, au cinéma, au restaurant, au pub, chez le médecin et

dans bien d'autres endroits (et ne vous inquiétez pas, en cas de sur-
menage, nous avons même prévu le psy !).

Votre anglais en tête ou sur le bout de la langue, votre crayon à la
main, faites les exercices dans l'ordre qui vous convient, suivant les
jeux qui vous paraîtront les plus amusants ou les révisions qui vous
sembleront les plus urgentes (un index grammatical figure en fin
d'ouvrage).

Armé des connaissances que vous aurez ainsi acquises, vous n'aurez plus qu'à vous exercer auprès du premier anglophone que vous
ne manquerez pas de croiser, car l'anglais se porte bien en toutes
saisons et dans de nombreux lieux. En attendant, *have a good time
and enjoy your trip to Anglo-land* !

Laurence RICO
et Catherine GROUD

1

Who's who

Introducing yourself/Se présenter

« *How do you do ?* » n'a jamais voulu dire « *Mais comment faites-vous cela ?* » La formule sert surtout à prendre contact poliment. Il est toujours préférable de faire bonne impression, mais encore faut-il savoir comment. Ce chapitre est justement consacré à la révision du vocabulaire de la présentation. Il a aussi pour but de revoir ce qui se cache sous l'apostrophe *s* qui suit certains mots. Dans les phrases suivantes, vous aurez à préciser si «'s» correspond à la forme du verbe *avoir* : « has » ; du verbe *être* : « is » ; du pronom personnel *nous* : « us » ; ou bien s'il est la marque du possessif.

Dans le texte ci-dessous, notre ami Jason a rencontré un personnage à l'identité mystérieuse. À vous de le démasquer !

JASON : Hello ! My name is Jason. Nice to meet you.
X : Good evening ! Pleased to meet you too.
JASON : How are you ?
X : I'm fine. But I am a little bit thirsty.
JASON : You look very strange. How old are you ?
X : Well, I know I may look a little strange to you. I am quite old and I wish I were dead by now.
JASON : When and where were you born ?
X : In 1897, in Ireland, out of a twisted mind, I'm afraid.
JASON : And where do you live now ?
X : I live in gloomy places. But that's according to people**'s** opinions.

1. ❏ has ❏ is ❏ us ❏ possession

JASON: What do you do for a living?

X: I'm doing business in London. And I like travelling and flying away.

JASON: What are your hobbies?

X: I like visiting old castles, seducing healthy young women, going out, shopping, cooking (but without garlic), taking care of myself. I'm so proud of my teeth, you see. They are very impressive, don't you think? No teeth, no future! Do you want to have a look?

JASON: Oh yes, let**'s** have a look!

2. ❐ has   ❐ is   ❐ us   ❐ possession

JASON: Oh dear! They are so big and sharp!
What kind of books do you read?

X: I love novels by Bram Stoker. He**'s** known as a great Gothic writer.

3. ❐ has   ❐ is   ❐ us   ❐ possession

JASON: What sort of films do you watch?

X: I like Francis Ford Coppola's movies. He**'s** such a good film director.

4. ❐ has   ❐ is   ❐ us   ❐ possession

X: He**'s** got so many brilliant ideas.

5. ❐ has   ❐ is   ❐ us   ❐ possession

JASON: What is your favourite song?

X: I often listen to *Sunday Bloody Sunday* by U2. It**'s** a song which brings back good memories to me.

6. ❐ has   ❐ is   ❐ us   ❐ possession

X: But I also dislike Sunday**'s** activities.

7. ❐ has   ❐ is   ❐ us   ❐ possession

JASON: What is your favourite food?

X: I prefer having a drink.

JASON: What do you like to do when you go out with friends?

X: I like taking a walk around but not in the sun, because it is bad for my complexion and I can't look at myself in the mirror.

JASON: But what**'s** your name?

8. ❑ has ❑ is ❑ us ❑ possession

X: My real name is Vlad Tepes, Prince Voïvode de Valachie. Watch out! You are stepping on my cloak! It's nice, isn't it? My tailor is Mitch. He**'s** making me a new one for Christmas.

9. ❑ has ❑ is ❑ us ❑ possession

X: But I let you go. I was waiting for my bat and it**'s** arrived now. See you soon.

10. ❑ has ❑ is ❑ us ❑ possession

Une panne de vocabulaire ?

According to: *selon*
Bat: *chauve-souris*
Blood: *sang*
Brain: *cerveau*
That brings back to me: *cela me rappelle*
Cloak: *cape*
Complexion: *le teint, la mine*
To dislike: *ne pas aimer*
To do (did, done) for a living (= to have a job): *exercer un métier*
Film director: *metteur en scène*
Garlic: *ail*
Gloomy: *sinistre, lugubre*
To have (had, had) a look at: *jeter un œil*
Healthy: *en bonne santé*

Impressive: *impressionnant*
To like + ing (on trouve aussi « to like to »): *aimer faire quelque chose*
To look: *sembler*
Proud of: *fier de*
Sharp: *acéré*
To step on: *marcher sur*
To take (took, taken) a walk: *se balader*
Teeth (the): *les dents*
Thirsty (to be): *avoir soif*
Twisted mind (a): *un esprit tordu*
Watch out!: *attention!*
I wish I were dead: *je voudrais être mort*

Réponses

Le personnage à découvrir était Dracula.

Le romancier irlandais Bram Stoker l'a inventé au XIXᵉ siècle, s'inspirant d'un prince ayant véritablement existé au XVᵉ siècle, Vlad Tepes, prince voïvode de Valachie, région de la Roumanie actuelle, où il n'est pour le moment pas question de réimplanter des vampires.

Dans le roman, le comte Dracula rencontre un notaire londonien, Jonathan Harker, qui s'est rendu en Transylvanie pour négocier avec lui de futurs investissements dans la capitale anglaise.

Rappelons que le vampire n'aime pas le soleil, qu'il se nourrit du sang de ses victimes et que son reflet n'apparaît pas dans les miroirs. Il a la capacité de se transformer en chauve-souris.

Francis Ford Coppola, entre autres, a adapté le roman de Stoker au cinéma.

1. possession

Pour marquer la possession, on ajoute *'s* à un nom singulier ou à un nom pluriel sans *s* (un nom pluriel en *s* prendra juste l'apostrophe). Un nom propre se terminant par un *s* sera également suivi de l'apostrophe *s* (*Bridget Jones's Diary*).

⚠ Le génitif *'s* ne s'emploie généralement que pour un nom de personne ou d'animal.
Ex. : Dracula's dinner. *Le dîner de Dracula.*
The girls' blood. *Le sang des jeunes filles.*

La marque de la possession peut s'ajouter à tout un groupe.
Ex. : The vampire's and the shark's teeth are white.
Les dents du vampire et du requin sont blanches.

2. us

Let's = « Let us » est une expression figée qui sert à exprimer une suggestion, une invitation ou un impératif au pluriel.
Ex. : Let's have a Bloody Mary. *Buvons un Bloody Mary.*
(Et non pas *Plantons nos dents dans Marie*, comme l'indiquent certains manuels d'anglais en Transylvanie.)

3. is

Il s'agit de la troisième personne du singulier de l'auxiliaire *être*, employé ici au passif. Cette voix est beaucoup plus employée en anglais qu'en français.

Ex. : The novel is written by Bram Stoker. *Le roman est écrit par Bram Stoker.*

Souvent, quand le complément d'agent n'est pas exprimé, on traduira le passif anglais par une phrase à la voix active en français en employant le pronom impersonnel sujet *on*.
Ex. : He is bitten. *On le mord.*

4. is

Cette forme du verbe « to be » correspond uniquement à une troisième personne du singulier au présent simple.

5. has

Cette forme du verbe « to have » correspond uniquement à une troisième personne du singulier au présent simple. On peut employer aussi « have got » pour exprimer la possession.
Ex. : She's got a nice neck. *Elle a un joli cou.*

L'auxiliaire « to have » permet de former le « present perfect ».
Ex. : She's suffered a little. *Elle a eu un peu mal.*
Oh, dear! The sun has faded my cloak! *Ciel! Ma cape a déteint au soleil.*

6. is

« It's » traduit le *c'est* français.
Ex. : It's dangerous to meet Dracula. *C'est dangereux de rencontrer Dracula.*

7. possession

On trouve un certain nombre d'expressions qui s'emploient avec le possessif : elles indiquent une date, une durée ou une distance.
Ex. : A three centuries' vampire. *Un vampire de trois siècles.*
Two weeks' delay. *Un retard de deux semaines.*
Ten minutes' walk. *Dix minutes à pied.*

8. is

9. is

« To be », lorsqu'il est auxiliaire, sert à former le présent progressif.
Ex. : He's sleeping. *Il dort.*

10. has

« Have » s'emploie comme auxiliaire du present perfect.

⚠ « To be » ne peut pas être employé comme un auxiliaire du passé.
Ex. : Dinner is ready. *Le repas est prêt.*
Mais :
Dracula ! Please come back ! Your fiancée has arrived.
Dracula ! Reviens ! Ta fiancée est arrivée.

2

What a busy day!

The working world/Le monde du travail

Bienvenue dans le monde du travail! Et surtout dans la recherche d'un emploi, car tout commence par là. Vous êtes prêt à retrousser vos manches, à parcourir à grands pas le monde professionnel et, finalement, vous devez multiplier les démarches pour vous imposer. De quoi s'interroger! Et c'est ce que nous allons faire dans ce chapitre consacré aux interrogatifs. «Pourquoi pas moi?» Voilà le premier cri du candidat à un poste. Et c'est sous le feu des questions d'un entretien d'embauche que tout se joue. Dans ce chapitre aussi. Vous découvrirez ensuite le vocabulaire des métiers sous forme de mots croisés. Allez! Au travail!

Job interview *(les interrogatifs)*

Dans la liste ci-dessous, choisissez le mot interrogatif qui convient pour chacune des phrases suivantes:
Who/which/what/why/whose/where/when/who... like/how/how long/how old/how tall.

Ex.: _____ job is it? → **Whose** job is it?
– It's John's job.

Mrs Wondsir is applying for a job and is answering the interviewer as well as she can.

1. INTERVIEWER: _____ are you?
CANDIDATE: Fine, thank you.

2. INTERVIEWER : _____ sent you to me?
CANDIDATE : The captain of Scotland Yard. He told me you needed someone.

3. INTERVIEWER : _____ did you study?
CANDIDATE : I studied at Oxford.

4. INTERVIEWER : _____ are you?
CANDIDATE : I'm eighty.

5. INTERVIEWER : _____ are your best qualities?
CANDIDATE : I think I'm calm, conscientious, polite and reliable. I am a chameleon too.

6. INTERVIEWER : _____ part of this job do you prefer?
CANDIDATE : Official ceremonies, I think.

7. INTERVIEWER : _____ did you start?
CANDIDATE : I started when I was a child, with my parents.

8. INTERVIEWER : _____ did they look _____ ?
CANDIDATE : They looked like Victoria and Albert.

9. INTERVIEWER : _____ are you?
CANDIDATE : I am 5'4 (1,60 m) tall.

10. INTERVIEWER : _____ can you keep smiling?
CANDIDATE : I can smile for hours. I'm used to it.

11. INTERVIEWER : _____ do you want to have this job?
CANDIDATE : Because I want to feel like a celebrity, even if I will never be a real star.

12. INTERVIEWER : _____ hat is it?
CANDIDATE : It's mine. It's nice, isn't it?
INTERVIEWER : We'll get back to you soon. You could be the perfect double of Queen Elizabeth.

Working life *(le vocabulaire des métiers)*

Inscrivez dans la grille les noms des métiers qui correspondent aux définitions données dans la liste. Si vous séchez, aidez-vous de la liste des métiers qui suit les définitions.

Across
1. Professional of basket art.
2. She or he fashions the young brain.
3. He has plans.
4. To run well and go far.
5. Chicken master.
6. Law master.
7. Can open your brain or something else!
8. Back to health near your bed.
9. He makes the wall.
10. The doctor's best friend.
11. Brings good or bad news to a box.
12. First course, main course and dessert!
13. Runs around the tables.
14. Travelling all over the world to catch the news!
15. Richard, Arthur, Henry and the rest of the crowd...

Down
A. He's got his own instrument.
B. He's got his own class.
C. Often makes cakes too!
D. Works on your head.
E. In the name of town cleanness!
F. Sales! Sales! Sales!

Architect – baker – bricklayer – businessman – chemist – cook – dustman – farmer – grocer – hairdresser – judge – king – mechanic – musician – nurse – postman – reporter – shopkeeper – surgeon – teacher – waiter.

How and co *(les interrogatifs, suite)*

Reliez les interrogatifs à la bonne question. Vous pouvez vous aider de la rubrique consacrée au vocabulaire p. 19 pour chercher les mots compliqués.

How heavy •
• do the demonstrations take place? Once a year?... Once a month!

How much •
• is the demonstration? I can't find it and my feet hurt.

How many •
• can we stage a strike? It's urgent to voice claims.

How far •
• demonstrators joined our wage demand?

How big •
• chance do we have of coming to a compromise?

How soon •
• should my banner be? I want to be sure that everybody can see it.

How often •
• is your pack of leaflets? I can help you to carry it.

Une panne de vocabulaire ?

All over : *tout autour de*
To apply for a job : *postuler à un emploi*
Banner : *banderole*
Basket : *panier*
Brain : *cerveau*
Career : *carrière, profession*
Cleanness : *propreté*
Conscientious : *consciencieux*
To come (came, come) to a compromise : *aboutir à un compromis*
Demonstration : *manifestation*
Demonstrator : *manifestant*
First course : *entrée*
Main course : *plat principal*
To fashion : *modeler, former*
To get (got, got) back to someone : *rappeler quelqu'un*
Health : *santé*
To hurt (hurt, hurt) : *faire mal*
Job interview : *entretien d'embauche*

To join : *adhérer*
Law : *loi*
Leaflet : *tract*
To make (made, made) : *faire, fabriquer*
Part-time job : *travail à temps partiel*
Position : *poste*
Reliable : *sérieux, sûr*
The rest of the crowd : *le reste de la troupe*
To run (run, run) : *rouler*
Sales : *soldes*
To stage a strike : *organiser une grève*
Travelling : *voyager*
To voice claims : *exprimer des revendications*
Wage demand : *revendication salariale*
Working life : *vie active*

Réponses

Job interview

1. How

« How » *comment* interroge sur la manière.
   Ex. : How can I get a good job ? *Comment puis-je avoir un bon travail ?*

2. Who

« Who » *qui* interroge sur une personne.
   Ex. : Who's the boss ? *Qui est le patron ?*

3. Where

« Where » *où* interroge sur le lieu.
   Ex. : Where is my office ? *Où est mon bureau ?*

4. How old

« How old » interroge sur l'âge.

Ex. : How old is the Queen ? *Quel âge a la reine ?*

5. What

« What » interroge sur une chose, une activité, un événement.

Ex. : What do you think of your new machine ? It's nice, isn't it ?
Que penses-tu de ta nouvelle machine ? Elle est jolie, non ?

6. Which

On emploie « which » lorsqu'il y a un choix proposé.

Ex. : Which career would you prefer ? To be a doctor like Mum or a househusband like Dad ?

Quel métier préférerais-tu ? Être médecin comme maman ou homme au foyer comme papa ?

7. When

« When », *quand*, interroge sur le moment de l'action.

Ex. : When will you understand that you don't have a part-time job and you don't start at 4.00 p.m. ?

Quand comprendras-tu que tu n'as pas un travail à temps partiel et que tu ne commences pas à seize heures ?

8. Who... like

« Who... like » interroge sur l'apparence.

Ex. : Who does the new secretary look like ? *À qui ressemble la nouvelle secrétaire ?*

À ne pas confondre avec « what... like » qui interroge sur la personnalité et le caractère.

Ex. : What is the new secretary like ? *Comment est la nouvelle secrétaire ?*

9. How tall

« How tall » pose la question de la taille.

Ex. : How tall do I need to be to be a flea trainer ?
Quelle taille dois-je faire pour être dresseur de puces ?

À ce sujet, les mesures au Royaume-Uni s'expriment en pieds « foot/feet » et en pouces « inch(es) ».

10. How long

« How long » pose la question de la durée.

Ex. : How long do I have to work ? I already feel overworked.
Combien de temps dois-je travailler ? Je me sens déjà surmené.

11. Why

« Why », *pourquoi*, sert à demander la cause.

Ex. : Why don't you want to recruit me as a barman ? Is it because I'm a woman ?

Pourquoi ne voulez-vous pas me recruter comme garçon de café ? Est-ce parce que je suis une fille ?

12. Whose

On emploie « whose » pour demander à qui appartient quelque chose.

Ex. : Whose pillow is it ? *À qui est cet oreiller ?*

Working life

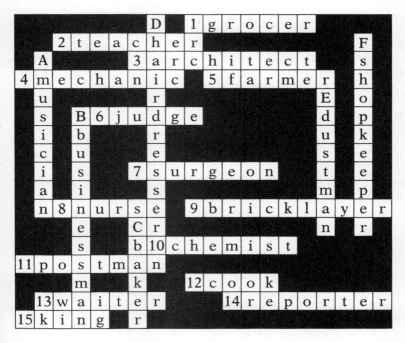

Architect *architecte* – baker *boulanger* – bricklayer *maçon* – business-man *homme d'affaires* – chemist *pharmacien* – cook *cuisinier* – dust-man *éboueur* – farmer *fermier* – grocer *épicier* – hairdresser *coiffeur* – judge *juge* – king *roi* – mechanic *garagiste* – musician *musicien* – nurse infirmière – postman *facteur* – reporter *reporter* – shopkeeper *commerçant* – surgeon *chirurgien* – teacher *professeur* – waiter *serveur*.

How and co

How heavy is your pack of leaflets? I can help you to carry it.
« How heavy » interroge sur le poids.
Ex.: How heavy is my professional pass? *Quel est le poids de mon badge professionnel?*

How much chance do we have of coming to a compromise?
« How much » interroge sur la quantité lorsqu'il s'agit d'indénombrables.
Ex.: How much work must I do in one hour?
Quelle somme de travail dois-je faire en une heure?

How many demonstrators joined our wage demand?
« How many » interroge sur la quantité lorsqu'il s'agit de dénombrables.
Ex.: How many days are you off? *Combien de jours de congé as-tu?*

How far is the demonstration? I can't find it and my feet hurt.
« How far » interroge sur la distance.
Ex.: How far is the cafeteria? *À quelle distance se trouve la cafétéria?*

How big should my banner be? I want to be sure that everybody can see it.
« How big » interroge sur la dimension.
Ex.: How big is the cafeteria? *Quelle est la taille de la cafétéria?*

How soon can we stage a strike? It's urgent to voice claims.
« How soon » interroge sur la proximité dans le temps.
Ex.: How soon are the holidays? *C'est pour quand les vacances?*
How often do the demonstrations take place? Once a year?... Once a month!
« How often » interroge sur la fréquence.
Ex.: How often are we entitled to take a break?
À quelle fréquence pouvons-nous faire une pause?

On peut ajouter encore un certain nombre d'interrogatifs sur ce même schéma « how + adjectif ou adverbe »: « how large... » *quelle est la superficie?*, « how deep... » *quelle est la profondeur?*, etc.

3
Guilty or not guilty?

It's only fair/Ce n'est que justice

L'affaire va être jugée dans quelques minutes. Le suspect est dans le box des accusés, l'avocat a mis sa perruque, la cour est installée et le procureur est prêt à l'attaque. Aucun aveu encore, juste des présomptions. Si vous êtes attentif au dialogue qui suit, non seulement vous pourrez prouver que l'accusé est coupable ou innocent, mais en plus, vous saurez tout de l'affaire des « question tags ». Pour cela, à vous de compléter les phrases proposées. Puis un cas de divorce permettra de revoir les « tags de conformité ou non-conformité » (aux règles du mariage, bien sûr !). Pour finir, quelques grands personnages du crime seront à découvrir. Que la vérité soit faite ! Jugez vous-même !

A strange case *(les « question tags »)*

Trouvez le « question tag » qui manque.

Ex. : You are guilty, **(1)** _____ ? → You are guilty, **aren't you** ?

THE JUDGE : To let people adjudicate, answer my questions. Just admit the facts. We have witnesses. Mr Terence Bone, you were near 10 Downing Street the night of the kidnapping, **(1)** _____ ?
MR T. BONE : Yes, I was.

THE JUDGE : You like pets, **(2)** _____ ?
MR T. BONE : I can't have any because I'm allergic to their coats.

THE JUDGE : You've got a photograph of the Prime Minister with his dog in your apartment, **(3)** _____ ?

MR T. BONE : I'm so patriotic, My Lord!

THE JUDGE : You don't like people who own pets, **(4)** _____ ?
MR T. BONE : I don't mind what people do, My Lord.

THE JUDGE : You knew where the victim was, **(5)** _____ ? The victim was at your place! Tell the truth to this court, Mr T. Bone.
MR T. BONE : The victim, as you say, followed me voluntarily! I couldn't get rid of this annoying creature! I told the police that it was not a kidnapping! I was the one who was attacked in his own house! I actually tried to run away!

THE JUDGE : You are lying, **(6)** _____ ? Why did you go the chemist's the day after?
MR T. BONE : Because of my allergy, I already mentioned it! Do you really think that I would use my own name if I wanted to commit a crime? Everything started when I introduced myself to the Prime Minister and his stupid dog!

THE JUDGE : We shall never know the truth, **(7)** _____ ?

Who did what? *(les « tags » de conformité et de non-conformité)*

Lisez chaque phrase et répondez à la question qui la suit.

John and Mary are with their lawyer because they want to get divorced. Listen to some of their complaints.

1. John can't stand Mary's way of life anymore. She's very sociable. He isn't.
   • Who likes to meet people?
   ❒ John   ❒ Mary   ❒ both of them

2. Mary can't stand staying at home in the evening anymore, watching television and sleeping before the end of the film. He can't either.
   • Who wants to have fun in the evening?
   ❒ John   ❒ Mary   ❒ both of them

3. He wants them to take turns to do the dishes. So does she.
   • Who wants to do the dishes?
   ❒ John   ❒ Mary   ❒ both of them

4. She never spends time watching the sky and speaking about stars in the middle of the night. Neither does Paul.
   • Who doesn't like dreaming while watching the Milky Way?
   ❐ John   ❐ Mary   ❐ both of them

5. She can spend hours in the bathroom. He can't.
   • Who can spend a lot of time in the bathroom?
   ❐ John   ❐ Mary   ❐ both of them

6. He never complains about her seeing other people. She does.
   • Who's jealous?
   ❐ John   ❐ Mary   ❐ both of them

7. She can be hysterical. He can too.
   • Who must relax?
   ❐ John   ❐ Mary   ❐ both of them

Who are you? *(de qui s'agit-il?)*

Retrouvez les criminels qui sont ici interrogés. Une liste de noms vous est proposée à la fin de l'exercice pour vous aider si besoin est.

1.
   — You murdered five women, didn't you?
   — Yes, I did. At night, in Whitechapel, hidden by the London fog, in 1888.
   — You knew Mary Jane Kelly, didn't you?
   — I suppose so.
   — And why did you torture your victims' bodies?
   — Professional habit I suppose.

I am _____

2.
   — I'm a film character and a Hitchcock creature.
   — Are you?
   — Yes, I am. I stabbed a woman in the shower.
   — Why did you do that?
   — Because I loved my mother too much, I guess.

I am _____

3.
— I'm a Thomas Harris character at the beginning, but I'm also a film character.
— Are you very dangerous?
— Yes, I am. I'm a psychopath and I eat my victims. I am a convict.
— In the movie, you helped Clarice Starling, a FBI agent, didn't you? You were a psychiatrist but you were sentenced to jail.
— Yes, I was. Anthony Hopkins played my character.

I am _____

4.
— I was so jealous. It was beyond my control.
— You were under influence, weren't you?
— Yes, I was. I was manipulated by my assistant, Iago.
— It was a tragedy, wasn't it?
— Oh yes, it was, by Shakespeare.

I am _____

5.
— You had an accomplice, didn't you?
— Yes, I had. It was my girlfriend. My gang was like my family, but we had a sad destiny in a sad time in the USA.
— You robbed small stores and gas stations, didn't you?
— Yes, we did. We shot and killed people. But eventually we got caught by the police.

I am _____

Voici une liste de célèbres criminels anglo-saxons qui pourra vous aider :
Norman Bates – Lee Harvey Oswald – Othello – Ted Bundy – Bonnie and Clyde – Jack the Ripper – Hamlet – Hannibal Lecter.

Une panne de vocabulaire?

Accomplice: *complice*
Actually: *en fait, en réalité*
Adjudicate: *statuer*
Admit the facts: *admettre les faits*
Annoying: *ennuyeux, pénible*
Character: *personnage*
Chemist: *pharmacien*
Coat: *pelage*
To complain: *se plaindre*
Complaint: *récrimination*
Convict: *condamné*
Court: *tribunal*
To do (did, done) the dishes: *faire la vaisselle*
Eventually: *finalement*
Fog: *brouillard*
To get (got, got) caught: *être arrêté, se faire arrêter*
I guess: *je suppose*
Guilty: *coupable*
To help: *aider*
Hidden: *caché*
To be under influence: *être sous influence*

To introduce: *présenter*
Jail: *prison*
Lawyer (attorney, en américain): *avocat*
To lie: *mentir*
Milky Way: *Voie lactée*
I don't mind: *cela m'est égal*
To murder: *assassiner*
Murderer: *assassin*
To own: *posséder*
Petrol station (gas station, en américain): *station-service*
At your place: *chez vous*
To get rid of: *se débarrasser de*
To be sentenced: *être condamné*
To shoot (shot, shot): *tirer sur quelqu'un*
To stab: *frapper (avec un couteau), poignarder*
To take turns: *alterner*
In turn: *à tour de rôle*
While: *quand, pendant que*
Witness: *témoin*

Réponses

A strange case

Chacun aura compris que notre pauvre accusé semble bien innocent. Il a été poursuivi par le chien du Premier ministre et ne l'a pas kidnappé, ce dont on voudrait le rendre responsable. Il a la malchance de porter un nom qui désigne un morceau de viande de bœuf avec un os, « the T. Bone ».

Rappelons d'abord que les « question tags » s'utilisent dans les questions lorsque l'on attend une confirmation de l'information que l'on avance.

1. weren't you
Lorsque la phrase de départ est affirmative, le « tag » est alors négatif. Le « tag » reprend l'auxiliaire de la phrase de départ.
   Ex. : You are the murderer, aren't you ? *Vous êtes l'assassin, n'est-ce pas ?*

2. don't you
Lorsqu'il n'y a pas d'auxiliaire visible, on fait appel aux auxiliaires « do, does, did » selon le sujet et le temps de la principale.
   Ex. : You happened to be passing by, didn't you ? *Vous passiez par là par hasard, non ?*

3. haven't you

4. do you
Si la phrase de départ est négative, le « tag » est positif.
   Ex. : You won't lie to the police, will you ? *Vous ne mentiriez pas à la police, hein ?*

5. didn't you

6. aren't you

7. shall we
« Never » est une forme négative.

Who did what ?

1. Mary
La reprise de l'auxiliaire permet de marquer un désaccord ; on parle de « tags de non-conformité » (elle si, elle non…). Si la phrase de départ est positive, le « tag » sera négatif et inversement.
   Ex. : He could murder her. She couldn't. *Il pourrait l'assassiner. Elle non.*

2. Both of them
Pour exprimer un accord ou un goût identique, on utilise des « tags de conformité » (elle aussi, elle non plus…).
Lorsque la phrase de départ est négative, la construction de la deuxième phrase se fait avec « either » (le verbe est alors négatif) ou « neither » (le verbe est alors positif).
   Ex. : He can't stand to see her face anymore. She can't either.
   Il ne supporte plus de voir son visage. Elle non plus.

He doesn't want to hear her voice anymore. Neither does she.
Il ne veut plus entendre sa voix. Elle non plus.

3. Both of them
Lorsque l'auxiliaire n'apparaît pas dans la phrase de départ, on utilise les auxiliaires « do, does, did ».
« So » marque la conformité avec une phrase de départ positive.
 Ex. : He tried to poison her with out-of-dated cheese. So did she.
 Il a essayé de l'empoisonner avec du fromage périmé. Elle aussi.

4. Both of them

5. Mary
Pour marquer la non-conformité lorsque la phrase de départ est affirmative, on utilise un « tag » négatif.
 Ex. : He tampered with the car brakes. She didn't.
 Il a trafiqué les freins de la voiture. Elle, non.

6. Mary
Pour marquer la non-conformité lorsque la phrase de départ est négative, on utilise un « tag » positif.
 Ex. : She doesn't pay attention when she uses a blowlamp. He does.
 Elle ne fait pas attention lorsqu'elle utilise un chalumeau. Lui si.

7. Both of them
« Too » marque la conformité avec une phrase de départ positive. L'auxiliaire « to be » ne peut pas être contracté dans l'expression « she is too ».
 Ex. : He's sorry about his behaviour. She is too. *Il est désolé de son comportement. Elle aussi.*

Who are you ?

1. Jack the Ripper (*Jack l'Éventreur*)
Personne n'a jamais découvert l'identité de ce tueur que l'on pensait chirurgien au vu du mode opératoire : l'assassin éventrait et éviscérait ses victimes.

2. Norman Bates
Personnage du film d'Alfred Hitchcock, *Psychose*. Le jeune homme tient un hôtel dans l'Arizona. Déguisé en vieille femme, il assassine Marion Crane, cliente du motel, alors qu'elle prend sa douche. Il

souffre d'une maladie mentale qui lui fait adopter la personnalité de sa mère décédée.

3. Hannibal Lecter
Personnage de romans écrits par Thomas Harris, adaptés au cinéma (*Le Silence des agneaux, Hannibal*) par Jonathan Demme, ce psychopathe cannibale va aider le F.B.I. à régler certaines affaires délicates.

4. Othello
Personnage éponyme de la pièce de Shakespeare, Othello, fou de jalousie, tue l'innocente Desdémone, convaincu par Iago, son aide, qu'elle lui est infidèle.

5. Bonnie and Clyde
Ces deux personnages furent d'abord des braqueurs de banques, lors de la Grande dépression des années 1930 aux États-Unis. Clyde Barrow venait d'une famille pauvre. Jeune, il se fit arrêter pour vols de voitures, fit de la prison et entama sa carrière de criminel. Il créa le gang Barrow, avec son frère Buck et la femme de ce dernier, et Bonnie, qui était devenue sa compagne. Ils furent abattus tous les deux par la police en 1934, en Louisiane.

Les autres noms :

Lee Harvey Oswald, assassin de John F. Kennedy en 1963.
Ted Bundy, dit « le tueur de femmes », assassin américain de vingt-trois femmes.
Hamlet, personnage éponyme d'une célèbre pièce de Shakespeare. Ce prince norvégien venge le meurtre de son père.

4

2007 : a grammar odyssey

Let's go to the cinema !/Allons au cinéma !

Il s'appelait comment le tramway déjà ? Rocky, c'est bien le nom d'un chien ? *The Bridge on the River Kwaï*, c'est l'histoire d'un dentiste ou d'une partie de cartes ? Pour éviter de poser des questions saugrenues qui nuisent à votre réputation, une petite révision du cinéma anglo-saxon s'impose. Également à l'affiche, gros plan sur « there is, there are », avec un petit exercice où vous devrez choisir entre les deux formes et retrouver le titre du film qui vous est résumé. Puis, panoramique sur les comparatifs et arrêt sur l'expression de l'opinion personnelle. Enfin, nous vous proposons un zoom sur les titres de films cachés dans le texte. Vous aurez alors des chances de devenir une vraie star… de l'anglais.

In the movies *(there is/there are)*

Voici les synopsis de films que vous devez reconnaître. Choisissez aussi entre « there is/there are » lorsque cela vous est proposé et rayez la mauvaise réponse. Attention aux pièges !

1. (a) There is/There are three parts. **(b) There is/There are** a small creature with hairy feet and a large appetite. **(c) There is/There are** an Uncle who gives a lost gold ring, coveted by Gollum, to the main character. **(d) There is/There are** two towers. **(e) There is/There are** a fight between good and evil.

2. (a) There is/There are people who wake up too late. **(b) There is/There are** a group of friends. **(c) There is/There are** weddings. **(d) There is/There are** an Englishman and an American woman. One of the friends dies.

3. (a) There is/There are the police. **(b) There is/There are** two men : Riggs et Murtaugh. **(c) There is/There are** four parts. **(d) There is/There are** drugs, suicides, a mad guy who isn't afraid to die and becomes very dangerous. **(e) There is/There are** bad news for the L.A. police department.

Supériorité, infériorité, égalité ? *(les comparatifs)*

Trouvez à quel degré de comparaison utiliser l'adjectif qui vous est proposé dans ces phrases et écrivez la forme correcte.

Ex. : Whoopi Goldberg is _____ (funny) _____ Marlon Brando. → Whoopi Goldberg is **funnier than** Marlon Brando.

1. It goes without saying that Nicole Kidman is _____ (tall) Tom Cruise but _____ (muscular) _____ Jackie Chan.

2. I have the impression that Keanu Reeves is a _____ (good) action movie actor _____ Marilyn Monroe.

3. I want to point out that George Clooney is _____ (attractive) _____ E.T.

4. I feel as if Julia Roberts is _____ (pretty) _____ other women.

5. I'd like to emphasize that Alfred Hitchcock is _____ (famous) _____ my neighbour.

6. It is well-known that Shrek is _____ (green) _____ Kermit the Frog.

7. People tend to believe that Sylvester Stallone is a _____ (bad) musical actor _____ Fred Astair.

8. We can't help seeing that Liz Taylor is _____ (old) _____ Angelina Jolie.

Les films cachés

Retrouvez dans ce texte douze titres de films que vous soulignerez.

We just wanted to find the godfather we thought best for our daughter Wanda. It's very common even in our modern times. I asked my brother Bill whom I met on the street one day. He was so happy! But he started to say:

« I knew a fish called Wanda. I loved that fish, but it was so greedy! It ate the others in the aquarium, there were only seven left. But Wanda kept eating its friends... »

He spoke a lot about his fish. He was boring. He spoke such a strange language that I was lost in translation. At the end I wanted to kill Bill and his fish. We were outside and it started raining. I said:

« Don't stay in the rain, man. Go home, we'll talk another time... »

But he wanted me to go with him and see his new chicken pets.

« Do you know how nice chickens are? I gave them names. My favourite is Gloria. She's so pretty! Do you know chickens can't fly so I organised a chicken run... »

And so on. It was the longest day in my life. He had rabbits, dogs, cats. I felt like a ghost when I got back home. I went straight to bed.

Une panne de vocabulaire ?

Attractive : *séduisant*
Boring : *ennuyeux*
Chicken run : *poulailler*
To covet : *convoiter*
Daughter : *fille (du père, de la mère)*
Emphasize : *insister sur, souligner*
Even : *même*
To feel (felt, felt) : *se sentir*
To feel (felt, felt) as if : *avoir l'impression que*
To fly (flew, flown) : *voler (dans l'air)*
Frog : *grenouille*
Funny : *drôle*
To get (got, got) back home : *rentrer chez soi*
Ghost : *fantôme*
To go (went, gone) without saying : *aller sans dire*
Godfather : *parrain*
Good and evil : *le bien et le mal*
Greedy : *glouton*
Fight : *combat*
Hairy : *poilu*

We can't help : *on ne peut s'empêcher de*
It is well-known that : *il est bien connu que*
Later : *plus tard*
Lost : *perdu*
Main character : *personnage principal*
Movie (en américain) : *film*
Action movie : *film d'action*
Muscular : *musclé*
To point out that : *faire remarquer que*
Rabbit : *lapin*
Ring : *anneau*
Tall : *grand*
To tend to believe : *tendre à croire*
Translation : *traduction, translation*
To wake (woke, woken) up : *se lever*
Wedding : *marriage*
Well known : *bien connu*

Réponses

In the movies

1. The Lord of the Rings. *Le Seigneur des Anneaux.*

(a) There are
« There are » *il y a* est suivi d'un pluriel.
   Ex. : There are several great actors in this movie. *Il y a plusieurs grands acteurs dans ce film.*

(b) There is
« There is » *il y a* est suivi d'un singulier.
   Ex. : There is a comedy on TV tonight. *Il y a une comédie à la télé ce soir.*

(c) There is

(d) There are

(e) There is

2. Four Weddings and a Funeral.
Quatre mariages et un enterrement.

(a) There are
⚠ « People » est un mot pluriel même s'il ne prend pas de « s ».
   Ex. : People are people. *Les gens sont comme ça.*

(b) There is

(c) There are

(d) There are

3. Lethal Weapon. *L'Arme fatale.*

(a) There are
⚠ « Police » est un mot pluriel.
   Ex. : The police are missing a couple of their cars, they have been stolen during a bank robbery.
   La police a perdu deux voitures, elles ont été volées pendant un hold-up.

(b) There are

(c) There are

(d) There are

(e) There is
⚠ « News » est un mot singulier.
    Ex. : Stop watching television ! There is so much bad news !
    Arrête de regarder la télévision ! Il y a tant de mauvaises nouvelles !

Supériorité, infériorité, égalité ? *(les comparatifs)*

1. taller than
Le comparatif de supériorité (plus... que) diffère selon le nombre de syllabes de l'adjectif. Si l'adjectif a une syllabe, il se termine par le suffixe « -er + than ».
    Ex. : Tracking a snail with a film camera takes longer than tracking a rabbit.
    Faire un travelling avant sur un escargot est plus long que de faire un travelling avant sur un lapin.

less muscular than
Le comparatif d'infériorité (moins... que) se forme avec « less + adjectif + than » quelle que soit la longueur de l'adjectif.
    Ex. : I think a long shot of this bear in his natural surroundings is less dangerous than a close shot.
    Je pense qu'un plan général de cet ours dans son milieu naturel est moins dangereux qu'un plan rapproché.

2. better than
Certains adjectifs ont des comparatifs irréguliers : « good » *bon* a pour comparatif « better » *meilleur*.
    Ex. : Saying « Action ! » is better than saying « Could we please start shooting if everybody is ready ? »
    Dire « Action ! » est mieux que de dire « Pourrions-nous commencer à filmer si tout le monde est prêt ? »

3. more attractive than
Pour exprimer le comparatif de supériorité des adjectifs de plus de deux syllabes, on fait précéder l'adjectif de « more » et on le fait suivre de « than ».

Ex.: If you've got a headache, I think that a silent film would be more relaxing than a musical.

Si tu as mal à la tête, je pense qu'un film muet sera plus reposant qu'une comédie musicale

4. prettier than

Si l'adjectif a deux syllabes et se termine en -y, -er, -ow, -le (Ex.: happy, funny, narrow, clever), il se termine par le suffixe « -er + than ». Le -y se transforme en -i.

Ex.: If you want to shoot a realistic film, setting the scene on location would be cleverer than painting the set yourself.

Si tu veux tourner un film réaliste, situer la scène dans un décor naturel serait plus intelligent que dans un décor que tu peindrais toi-même.

5. more famous than

Les autres adjectifs de deux syllabes forment leur comparatif avec « more + adjectif + than ».

Ex.: Watching a film on television is more boring than going to the cinema.

Regarder un film à la télévision est plus ennuyeux que d'aller au cinéma.

6. as green as

Pour exprimer un comparatif d'égalité (aussi... que), on fait précéder et suivre l'adjectif de « as ».

Ex.: These dialogues are as soppy as Harlequin novels.

Ces dialogues sont aussi fleur bleue que les romans Harlequin.

7. worse than

Le comparatif de supériorité de « bad » est irrégulier: « worse ».

Ex.: This actor is worse than the horse he's riding.

Cet acteur est pire que le cheval qu'il monte.

8. older

Le comparatif de supériorité de « old » est régulier, mais on utilise « elder » lorsqu'on compare les membres d'une fratrie.

Ex.: She's older in real life than she seems on the screen.

Elle est plus vieille en réalité qu'elle ne paraît sur l'écran.

She's elder than her sister. *Elle est plus vieille que sa sœur.*

Les films cachés

We just wanted to find **the godfather** we thought best for our daughter Wanda. It's very common even in our **modern times**. I asked my brother Bill whom I met on the street one day. He was so happy! But he started to say:
« I knew **a fish called Wanda**. I loved that fish, but it was so greedy! It ate **the others** in the aquarium, there were only **seven** left. But Wanda kept eating its friends… »
He spoke a lot about his fish. He was boring. He spoke such a strange language that I was **lost in translation**. At the end I wanted to **kill Bill** and his fish. We were outside and it started raining. I said:
« Don't stay in the **rain, man**. Go home, we'll talk another time… »
But he wanted me to go with him and see his new chicken pets.
« Do you know how nice chickens are? I gave them names. My favourite is **Gloria**. She's so pretty! Do you know chickens can't fly so I organised a **chicken run**… »

And so on. It was **the longest day** in my life. He had rabbits, dogs, cats. I felt like a **ghost** when I got back home. I went straight to bed.

The Godfather *Le Parrain* (1972), film de Francis Ford Coppola avec Marlon Brando.
Modern Times *Les Temps modernes* (1936), film de et avec Charles Chaplin.
A Fish Called Wanda *Un poisson nommé Wanda* (1988), film de Charles Crichton avec Jamie Lee Curtis.
The Others *Les Autres* (2001), film d'Alejandro Amenabar avec Nicole Kidman.
Seven (1995), film de David Fincher avec Brad Pitt.
Lost in Translation (2003), film de Sofia Coppola avec Bill Murray.
Kill Bill (2003), film de Quentin Tarentino avec Uma Thurman.
Rain Man (1988), film de Barry Levinson avec Dustin Hoffman et Tom Cruise.
Gloria (1980), film de John Cassavetes avec Gena Rowlands.
Chicken Run (2000), film d'animation de Peter Lord et Nick Park avec des poulets.
The Longest Day *Le jour le plus long* (1962), film de Ken Annakin et Andrew Marton avec Richard Burton, Sean Connery, Bourvil, Jean-Louis Barrault.
Ghost (1990), film de Jerry Zucker avec Demi Moore et Patrick Swayze.

5

Immediate boarding gate 5

Means of transport/Les moyens de transport

La mer ou la montagne ? Le train ou l'avion ? Voyage de nuit ou de jour ? Quels tracas ces vacances ! En tout cas, si vous partez à l'étranger, quelques révisions s'imposent : savoir dire l'heure en anglais et employer les bonnes prépositions de temps. Vous n'échapperez pas non plus à une révision de l'impératif afin de comprendre les consignes à suivre dans les différents moyens de transports. Vous serez alors armés pour affronter le farniente…
Désolé, nous n'avons pas de recette pour calmer les enfants agités ni pour vous divertir lorsque les trajets sont trop longs. À moins que vous n'en profitiez pour réviser votre anglais ?

Qui va où ? comment ? à quelle heure ? *(lire l'heure)*

Reportez les informations qui vous sont données dans les phrases ci-dessous sous forme de tableau, en faisant correspondre les données : la destination, l'heure de départ et le moyen de transport. Tous les voyageurs partent de Londres.

Ex. : Jason is going to France at ten o'clock in the morning. He is rowing.

	Jason	Kevin	Cindy	Jennifer	Matthew	Jane	John
Calais	X						
10:00 a.m.	X						
By boat	X						

	Brian	Kevin	Cindy	Jennifer	Matthew	Jane	John
Belfast							
Guernsey							
Cardiff							
Canberra							
Dublin							
Edinburgh							
Wellington							
10:15 a.m.							
10:20 p.m.							
9:40 p.m.							
10:30 a.m.							
12:00 a.m.							
9:45 a.m.							
10:30 p.m.							
By bus							
By car							
By boat (x 2)							
By train							
By plane (x 2)							

- Brian is going to the Channel Islands at half past ten in the morning. He is already on board.

- Kevin is going to Ireland at half past ten in the evening. The passengers are on the road for some part of the journey.

- Cindy is going to Scotland at a quarter to ten in the morning. She likes public transport.

- Jennifer is going to Wales at a quarter past ten in the morning. She is in the fast lane.

- Matthew is going to Australia at twenty to ten in the evening. He uses the same means of transport as Brian.

• Jane is going to New Zealand at twenty past ten in the evening. She can't stand the sea.

• John is going to Northern Ireland at noon. He's in a hurry.

Vrai ou faux ? *(l'impératif)*

Indiquez si les phrases ci-dessous peuvent être dites par le locuteur proposé dans un anglais correct. Entourez « right » si vous jugez que la phrase est correcte, « wrong » dans le cas contraire.
    Ex. : A taxi driver can say :

Mind the carpet of my car.   **RIGHT**   WRONG
N'hésitez pas à chercher les mots difficiles dans la rubrique consacrée au vocabulaire p. 43.

• The air hostess can say :
    1. Fasten your safety belt.   RIGHT   WRONG
    2. Even if it's warm inside, don't open
        the door unless the crew says so.   RIGHT   WRONG
    3. Do not smoke, scream, sing or hit your
        neighbours during the flight.   RIGHT   WRONG
    4. Let me tell you that playing football
        aboard the plane is strictly forbidden.
        Besides, demonstrating safety regulations
        is not a gym workout to be followed.   RIGHT   WRONG

• The captain of a liner can say :
    5. Use not the lifeboat to go fishing, please !   RIGHT   WRONG
    6. Don't let him remain in the gangway !
        We are weighing anchor.   RIGHT   WRONG
    7. Don't let's hit an iceberg or we could be
        shipwrecked.   RIGHT   WRONG
    8. Tell never me your cruise was the worst
        disaster in the history of sailing.   RIGHT   WRONG

• The station master can say :
    9. Stay behind the line ! The train's pulling
        into the station on platform 6.   RIGHT   WRONG
    10. Check always the timetable, you could
        easily miss your train.   RIGHT   WRONG

11. Do you want to take a picture of me
whistling? Please do.   RIGHT   WRONG
12. Don't cross the rails unless the level
crossing is up.   RIGHT   WRONG

On holiday *(prépositions et adverbes de temps)*

Remplissez les espaces suivis d'un chiffre par la préposition appropriée parmi celles proposées ci-dessous:
at *(4 occurrences)* – during – for – in *(5 occurrences)* – next – on *(2 occurrences)*.
Retrouvez les adverbes de temps cachés derrière des anagrammes en gras.

Ex.: Grand-ma wanted to travel _____ **(1)** month.
→ Grand-ma wanted to travel **next** month.
Ex.: She took a rest **tfera**. → She took a rest **after**.

OLD WOMAN: Good morning, young man!
YOUNG MAN: Good morning, madam! Can I help you?

OLD WOMAN: I hope so. I want to book a ticket to Paris.
YOUNG MAN: Yes, when would you like to travel?

OLD WOMAN: I want to go away _____ **(1)** week, as **noso**
as _____ possible actually.
YOUNG MAN: How long do you want to stay?

OLD WOMAN: _____ **(2)** a month.
YOUNG MAN: Ok. You can take off _____ **(3)** Monday _____ **(4)**
10 a.m. You will arrive in Paris _____ **(5)** 11 a.m.

OLD WOMAN: Marvellous! I love Paris _____ **(6)** June!
YOUNG MAN: Oh! I'm sorry, but we are _____ **(7)** December,
you couldn't be in Paris _____ **(8)** June if you decided to go
won _____!

OLD WOMAN: Oh! I'm so disappointed! It's cold _____ **(9)**
December, isn't it?
YOUNG MAN: Yes, I'm afraid it is. We are _____ **(10)** winter!

41

OLD WOMAN: And with the jet lag...
YOUNG MAN: There is no jet lag in France!

OLD WOMAN: Oh!... And in case of hijacking!
YOUNG MAN: Take the Eurostar! The train...

OLD WOMAN: Oh yes! I have taken the train **frobee** _____ , **ocne** _____ !
YOUNG MAN: **neyclert** _____ ?

OLD WOMAN: No! Sixty years ago! For my wedding! I got married _____ **(11)** twenty!
YOUNG MAN: Where did you go?

OLD WOMAN: I went to Twickenham with Albert. It was a nice trip! But it was long!
YOUNG MAN: Oh! I see. You know, **adwayson** _____ , the trip to Paris lasts three hours.

OLD WOMAN: Am I taking a train or a plane?
YOUNG MAN: No, you take the tunnel under the Channel.

OLD WOMAN: Are you kidding me on? I can't do that!
YOUNG MAN: Take a ferry boat!

OLD WOMAN: Well! That's a good idea! I prefer to be on the water rather than under. Can I see the picture of the ship captain, I want an old one.
YOUNG MAN: But you can't choose a trip according to the captain's looks! You just can't do that! You'll see him **alter** _____ on the ferry. Do you want to travel _____ **(12)** night? You'll take the boat and you'll arrive _____ **(13)** the following day.

OLD WOMAN: I don't know. I don't want to be seasick _____ **(14)** my trip. It's so difficult to choose...
YOUNG MAN: And what about a trip to Twickenham again? By bus? So you can remember the good old days? After all...

Une panne de vocabulaire ?

Actually : *en fait*
Aboard the plane : *à bord de l'avion*
To be (was, been) in a hurry : *être pressé*
Besides : *de plus*
To book a ticket : *réserver un billet*
Crew : *équipage*
Cruise : *croisière*
To be (was, been) delayed : *avoir du retard*
Disaster : *désastre*
Fast lane : *voie rapide*
To be in the fast lane : *vivre à cent à l'heure*
To fasten : *attacher*
Flight : *vol*
Following day : *jour suivant*
To be (was, been) followed : *à suivre*
Forbidden : *interdit*
Gangway : *passerelle*
Gym workout (en américain) : *exercice de gym*
Hijacking : *détournement*
To hit (hit, hit) somebody : *frapper quelqu'un*
To hit (hit, hit) an iceberg : *heurter un iceberg*
Jet lag : *décalage horaire*
Journey : *voyage, trajet*
To kid somebody on : *faire marcher quelqu'un*

To last : *durer*
Level crossing : *passage à niveau*
Lifeboat : *cannot de sauvetage*
Liner : *paquebot*
To mind : *faire attention*
Neighbour : *voisin*
Platform : *quai*
To pull into the station : *entrer en gare*
Rails : *rails*
Rather than : *plutôt que*
To row : *ramer*
Safety belt : *ceinture de sécurité*
Safety regulation : *règle de sécurité*
To sail : *naviguer*
To scream : *crier*
To be (was, been) seasick : *avoir le mal de mer*
To be (was, been) shipwrecked : *faire naufrage*
To stand (stood, stood) : *supporter*
Station master : *chef de gare*
To take (took, taken) off : *décoller*
Tarmac : *aire d'envol*
Timetable : *horaire*
Unless : *à moins que*
Warm : *chaud*
Wedding : *mariage*
To weigh anchor : *lever l'ancre*
To whistle : *siffler*

Réponses

Qui va où ? comment ? à quelle heure ?

	Brian	Kevin	Cindy	Jennifer	Matthew	Jane	John
Belfast							X
Guernsey	X						
Cardiff				X			
Canberra					X		
Dublin		X					
Edinburgh			X				
Wellington						X	
10:15 a.m.				X			
10:20 p.m.						X	
9:40 p.m.					X		
10:30 a.m.	X						
12:00 a.m.							X
9:45 a.m.			X				
10:30 p.m.		X					
By bus		X					
By car			X				
By boat	X				X		
By train			X				
By plane						X	X

Vrai ou faux ?

1. Right

À la 2e personne du singulier et du pluriel, l'impératif est semblable à l'infinitif sans « to ».

Ex. : Take the tube at Victoria station, change once at Embankment and get off at Piccadilly Circus.

Prenez le métro à la station Victoria, changez une fois à Embankment et descendez à Piccadilly Circus.

2. Right

Dans la langue familière, la forme négative de l'impératif aux deuxièmes personnes du singulier et du pluriel s'exprime avec « don't » suivi de l'infinitif.

Ex.: Don't worry! Captain Speak is not in control.
Ne vous inquiétez pas! Le capitaine Speak n'est pas aux commandes.

3. Right

« Do not » est une forme d'insistance de la forme négative aux deuxièmes personnes du singulier et du pluriel.

Ex.: Do not pull the alarm because you forgot to say good bye to your mummy.
N'activez pas le signal d'alarme parce que vous avez oublié de dire au revoir à votre maman.

4. Right

On emploie « let » + complément + infinitif sans « to » à toutes les personnes sauf la 2ᵉ.

Ex.: Let them go by foot! *Qu'ils aillent à pied!*

5. Wrong

À la 2ᵉ personne du singulier et du pluriel, la négation sans « do » est archaïque. On ne dira pas « use not » mais « don't use ».

Ex.: Don't take the train to Glasgow! *Ne prends pas le train pour Glasgow!*

6. Right

Dans la langue familière, on peut faire précéder « let » par « don't ».

Ex.: Don't let them make a standing ovation after the landing! Let them keep their seat belts on!
Qu'ils ne fassent pas une standing ovation après l'atterrissage! Qu'ils gardent leur ceinture de sécurité attachée!

Dans un registre soutenu, on trouverait:
Let them not make a standing ovation.

7. Right

Ex.: Don't let's stay here. *Ne restons pas ici.*

8. Wrong

« Never », comme tous les adverbes de fréquence, doit précéder l'impératif.

Ex.: Never exceed the speed limits, you could get fined.
Ne dépasse jamais les limitations de vitesse, tu pourrais avoir une amende.

9. Right

10. Wrong

«Always», comme tous les adverbes de fréquence, doit précéder l'impératif.

Ex.: Always slow down at the amber light. *Freine toujours quand le feu est orange.*

11. Right

Dans une réponse, après «yes» ou «please», il est suffisant d'utiliser «do».

Ex.: — Can I get into second gear?
— *Puis-je passer la deuxième vitesse?*
— Please, do! And speed up!
— *Fais-le! Et va plus vite!*

12. Right

On holiday

1. next

⚠ Ne pas confondre «next» et «the next». «Next year» indique l'année prochaine (l'année qui débute le 1ᵉʳ janvier à venir), «the next year» l'année d'après (on peut traduire par *l'année suivante*).

Ex.: She visited Twickenham Stadium in 2004 and the next year she learnt to play rugby.

Elle visita le stade de Twickenham en 2004 et l'année suivante elle apprit à jouer au rugby.

She will begin as a professional next year.

Elle commencera sa carrière professionnelle l'année prochaine.

noso = **soon** *(bientôt)*

2. for

Cette préposition répond à la question «how long» et indique la durée d'une action.

Ex.: She has been in hospital for three weeks. *Elle est à l'hôpital depuis trois semaines.*

3. on

«On» s'emploie lorsque l'on précise le jour ou la date.

Ex.: See you on Sunday evening. *À dimanche soir.*

4. at
« At » se traduit en français par la préposition *à*. On l'emploie pour donner l'heure, devant les noms de fêtes…
    Ex. : The old lady wanted to sunbathe at Christmas in France, but she will only be able to have a cold footbath.
    La vieille dame voulait prendre un bain de soleil à Noël en France, mais elle pourra seulement avoir un bain de pieds froid.

5. at

6. in
On emploie « in » avec les mois, les années et les siècles.
    Ex. : She stopped playing rugby in July because it was too hot.
    Elle a arrêté le rugby en juillet parce qu'il faisait trop chaud.

7. in

8. in
won = **now** *(maintenant)*

9. in

10. in
On emploie « in » pour indiquer les saisons.
    Ex. : She thinks playing sports in winter is so much better.
    Elle pense que faire du sport l'hiver est bien mieux.

⚠ Les noms de saisons (« spring, summer, fall, winter ») peuvent aussi être précédés de l'article « the ».
    Ex. : In the spring. *Au printemps.*

frobee = **before** *(avant)*
ocne = **once** *(une fois)*
neyclert = **recently** *(récemment)*

11. at

adwayson = **nowadays** *(de nos jours)*
alter = **later** *(plus tard)*

12. at
Il s'agit d'une expression figée.
    Ex. : At week-ends, she watches rugby games on T.V.
    Le week-end, elle regarde des matchs de rugby à la télé.

13. on

14. during

Cette préposition répond à la question « when » et indique à quel moment s'est déroulée une action.

Ex. : During the night, she lost her dentures in the middle of the Twickenham Stadium.

Pendant la nuit, elle a perdu son dentier au milieu du stade de Twickenham.

6

Discovery!

Finding your way about in space/
Se repérer dans l'espace

Le capitaine Speak est en route pour une aventure interstellaire, mais il peine à se repérer dans l'espace et compte sur vous pour l'aider. Il vous faudra éviter les trous noirs et les mauvaises directions! Le premier exercice consiste à trouver votre destination après avoir déchiffré l'itinéraire proposé. Ensuite, vous compléterez le texte avec les prépositions de lieu qui vous seront proposées, et vous aurez à choisir entre deux formes des verbes: infinitif ou forme en « -ing ». Si vous réussissez cette mission, vous pourrez envisager de vous inscrire à la Nasa.

Where are you?

Follow the right line.
1. Go straight on from the starting point. Turn right in front of the Sun. Pass Pluto and the pole star. Turn right and turn left at the next crossroads. Go round the star turning right four times. Turn left. Continue straight ahead. Turn right at the first crossroads. Where are you?

2. From the starting point, go straight ahead between the Sun and Pluto. At the first crossroads, turn left. Turn right twice. Go straight on at the crossroads. Turn left. Where are you?

3. Go towards the Earth from the starting point. Pass Mars and turn left. Go back to the nearest crossroads. Turn right three times and

continue straight ahead from the Sun, until you cannot go on anymore. Where are you ?

4. From the starting point, go towards Jupiter, turning right after Pluto. Turn left passing Jupiter on your right. Once you are next to Sirius, turn left then make a right hand turn. Go away from the pole star. Where are you ?

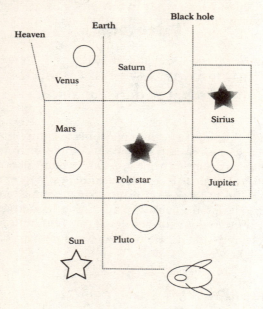

Once upon a time in space

Remplissez les espaces suivis d'une lettre par la préposition appropriée parmi celles proposées ci-dessous :

above – behind – close to – from – in – in the middle of – inside – into – on *(2 occurrences)* – through – to *(2 occurrences)* – under.
    Ex. : He's _____ **(a)** space. → He's **in** space.

Soulignez également la forme verbale correcte parmi les deux formes proposées après les chiffres.
    Ex. : Captain Speak is anxious **(1) to make/making** a trip into outer space. → Captain Speak is anxious **to make** a trip into outer space.

Somewhere over the rainbow, October 12ᵗʰ 2015

My name is Speak. I was born _____ **(a)** England, in 1965. I'm the captain of this spaceship. I've been lost in space for two weeks. I want **(1) to tell/telling** you my story before **(2) to die/dying**. I don't think we can go back _____ **(b)** the Earth station. We are going nowhere, I'm afraid.

Perhaps I should have learnt **(3) to navigate/navigating** before **(4) accept/accepting** this mission. But it's too late now. We are coming _____ **(c)** the Moon but we were supposed **(5) to go/going** **(d)** Mars.

Everything started three weeks ago. We were _____ **(e)** a meteorite storm.

My second in command kept **(6) to say/saying**: « Be careful **(f)** your left, a meteor… your left… I said your left!… your left!! the other side!… quick!… Oh my God! »

By **(7) to criticize/criticizing** me, he embarrassed me a lot and I lost my confidence. He had some difficulty in **(8) understand/ understanding** me.

« Could you shut up while **(9) to go/going** _____ **(g)** the meteorite field! **(10) To navigate/Navigating** with poor visibility on a busy celestial road may be dangerous. I want you **(11) keeping/to keep** cool. You can sing if you want to since I forgot my radio », I said.

He insisted on **(12) take/taking** the controls. He did not like my **(13) navigate/navigating**. I was so irritated that I sat _____ **(h)** him, I just wanted to see his back. I pretended not to care about this trip. You can't trust someone who puts sweets _____ **(i)** his ears.

« Do you mind me **(14) to have/having** a cigarette? – A cigarette? Are you crazy? **(15) To smoke/Smoking** is strictly forbidden! »

I put my ashtray _____ **(j)** the table, _____ **(k)** my football magazine. I lit my cigarette. Soon, it started **(16) to rain/raining** inside, because the smoke alarm _____ **(l)** our heads set off the sprinklers. We started **(17) to run/running** around. We needed **(18) to stop/stopping** that. I pressed a button and we heard:

« Mind the door, you have started the automatic door opening system. Are you sure you want to go outside? »

On **(19) hear/hearing** the startling announcement, my second in command fainted. I screamed: « Oh, God! » and I heard:

« Door opening impossible. Chewing gum _____ **(m)** the opening system. »

We were almost saved, but I forgot the meteorites and before I could do anything, we crashed! Since then, we have been stuck in a meteorite. I can't operate the vessel anymore. The meteorite is now in control of our movements. I have got used to **(20) go/going** where it wants. My second in command went into a coma. I put him _____ **(n)** the table. We have nothing left to eat, there is only one tin of corned beef left. I want the world **(21) to know/knowing** what happened. I can't stop **(22) to think/thinking** about my future fame.

Une panne de vocabulaire ?

Around the corner : *au coin de la rue*
Ashtray : *cendrier*
Away from : *en s'éloignant de*
Between : *entre*
Black hole : *trou noir*
Busy road : *route encombrée*
Do you mind if... ? : *cela vous gêne-t-il si... ?*
To care about : *se préoccuper de*
Confidence : *confiance*
Crossroads : *croisement*
Ears : *oreilles*
Earth : *Terre*
To faint : *s'évanouir*
Fame : *gloire*
Forbidden : *interdit*
Heaven : *paradis*
In front of : *devant*
To get (got, got) used to : *s'habituer à*
To go (went, gone) away from : *s'écarter de*
To go (went, gone) back : *retourner*
To go (went, gone) on : *continuer*
To go round : *contourner*
To go (went, gone) straight on (= to go straight ahead) : *aller tout droit*
Jammed : *encastré*
To keep (kept, kept) doing something : *ne pas arrêter de faire quelque chose*
To light (lit, lit) : *allumer*
To make (made, made) a right hand turn : *tourner à droite*
Meteorite field : *champ de météorites*

Near : *à côté de*
The nearest : *le plus proche*
Next to : *à côté de*
Nowhere : *nulle part*
Once : *une fois que*
Opening process : *ouverture*
To operate the vessel : *diriger le vaisseau*
Pole star : *étoile Polaire*
To pretend : *prétendre*
Rainbow : *arc-en-ciel*
Second in command : *commandant en second*
To shut (shut, shut) up : *la boucler, la fermer*
Since : *puisque*
Somewhere : *quelque part*
Spaceship : *vaisseau spatial*
Sprinkler : *extincteur automatique*
Startling : *ahurissant*
Startling announcement : *annonce saisissante, alarmante*
Storm : *tempête*
Straight on : *tout droit*
Strictly : *strictement*
Stuck : *coincé, bloqué*
Sweets : *bonbons*
To take (took, taken) the controls : *prendre les commandes*
Tin (can, en américain) : *boîte de conserve*
Towards (toward, en américain) : *en direction de*
To trust someone : *faire confiance à quelqu'un*
Twice : *deux fois*
Until : *jusqu'à*

Réponses

Where are you?

1. Earth
2. Black hole
3. Heaven
4. Earth

Once upon a time in space

Les formes verbales

1. to tell
Certains verbes anglais ont une construction bien particulière. « To want » est toujours suivi d'un infinitif.
    Ex. : I want to go for a walk on the moon. *Je veux aller me promener sur la lune.*

2. dying
Le gérondif est une forme en « -ing » qui permet d'utiliser le verbe avec les propriétés du nom. Il est employé notamment après les prépositions comme « before », « after », « in », « of », « without », « about »… à l'exception de « except » et « but » dans le sens de *sauf.*
    Ex. : Don't go outside without dressing warmly; it's cold on the moon. *Ne sors pas sans t'habiller chaudement ; il fait froid sur la lune.*

3. to navigate
Le verbe « to learn » se construit avec un infinitif.
    Ex. : I learnt to speak space language before going on my trip. *J'ai appris la langue de l'espace avant de partir en voyage.*

4. accepting

5. to go
« To be supposed » est suivi d'un infinitif.
    Ex. : I was supposed to practice this summer. *J'étais censé m'entraîner cet été.*

6. saying
Le verbe « to keep » est toujours suivi du participe présent.
    Ex. : I keep waiting. *Je continue à attendre.*

7. criticizing

Le participe présent permet la traduction du gérondif français *en + participe présent*. Utilisé avec la préposition « by », il indique un moyen.

Ex. : By travelling in space, I am hoping to meet someone to talk to.
En sillonnant l'espace, j'espère rencontrer quelqu'un à qui parler.

8. understanding

La préposition « in » est suivie du gérondif.

Ex. : There is no harm in strolling through the Milky Way.
Il n'y a pas de mal à flâner le long de la Voie lactée.

9. going

« While » *pendant que/tout en* est suivi du gérondif.

Ex. : Drinking is illegal while navigating a spaceship.
Il est illégal de boire tout en conduisant un vaisseau spatial.

10. navigating

Le gérondif permet d'utiliser le verbe en fonction de sujet. Il est traduit par un infinitif en français.

Ex. : Navigating a spaceship is easier than driving a car : there are no road signs.
Conduire un vaisseau spatial est plus facile que de conduire une voiture : il n'y a pas de panneaux de signalisation.

11. to keep

Le verbe « to want » est suivi d'une proposition infinitive.
⚠ La construction est particulière : sujet + want + nom ou pronom personnel complément + infinitif.

Ex. : Captain ! Nasa wants us to give them a call when we get there.
Capitaine ! La Nasa veut que nous leur passions un coup de fil lorsque nous serons arrivés à destination.

12. taking

La préposition « on » est suivie du gérondif.

Ex. : The engine keeps on breaking down. *Le moteur ne cesse de tomber en panne.*

13. navigating

Le gérondif est employé ici en tant que nom et peut, dès lors, être précédé d'un adjectif possessif. Il se traduit par un nom : *ma conduite*, ou un nom complété par un verbe : *le fait de conduire.*

Ex.: The second in command doesn't like my cooking tins of corned beef.

Mon second n'aime pas ma manière de cuisiner les boîtes de corned beef.

14. having
La construction est la même que dans la question précédente, cependant l'adjectif possessif laisse parfois la place au pronom personnel (cet emploi est beaucoup plus familier).

Ex.: I can't believe you don't like me cooking corned beef!

Quoi ? Vous n'aimez pas ma manière de cuisiner le corned beef!

15. smoking
Le verbe a une fonction sujet, il est donc employé au gérondif.

16. raining ou to rain
Le verbe « to start », comme « to begin », est suivi d'un gérondif ou d'un infinitif.

Ex.: It started raining/to rain meteorites.

Il a commencé à pleuvoir des météorites.

17. running ou to run

18. to stop
Le verbe « to need » est suivi d'un infinitif.

Ex.: « — How far is the Earth ? —You need to be patient. It's a few kilometers from here. »

« — La terre, c'est loin ? — Vous devez être patient. C'est à quelques kilomètres d'ici. »

19. hearing
Le gérondif précédé de « on » traduit le gérondif français *en + participe présent*. La préposition indique que l'action est immédiatement antérieure à celle exprimée dans la principale.

Ex.: On hearing the news, master Yoda turned green.

En entendant la nouvelle, maître Yoda est devenu tout vert.

20. going
Le verbe « to get used to » est suivi d'un gérondif.

⚠ « To » est ici une préposition.

Ex.: I can get used to eating tins of corned beef, but not to opening them without a tin opener.

Je peux m'habituer à manger des boîtes de corned beef, mais pas à les ouvrir sans ouvre-boîte.

21. to know

Il s'agit de la construction du verbe « to want » + infinitive.

22. thinking

Le verbe « to stop » est suivi d'un gérondif.

⚠ Lorsqu'il est suivi d'un infinitif, il exprime le but : *s'arrêter pour faire quelque chose.*

Ex : Stop laughing when I navigate. *Arrête de rire lorsque je pilote.*
Stop to look at the meteorite. *Arrête-toi pour regarder la météorite.*

Les prépositions

a. in

Cette préposition sert à localiser quelqu'un ou quelque chose.

Ex. : R2D2, can you tell me what you are doing in my space shuttle ?
R2D2, est-ce tu peux me dire ce que tu fais dans ma navette spatiale ?

b. to

« To » indique la destination.

Ex. : From the Earth to the Moon.
De la Terre à la Lune.

c. from

« From » indique la provenance.

Ex. : Princess Leia is coming back from the hairdresser's, but perhaps she has made a stop at the bakery. It looks like she is wearing two buns on her head.

La princesse Leia revient de chez le coiffeur, ou peut-être de chez le boulanger. On dirait qu'elle a deux petits pains sur la tête.

d. to

e. in the middle of

Ex. : Captain Speak is in the middle of nowhere.
Le capitaine Speak est au milieu de nulle part.

f. on

Ex. : Luke Skywalker likes taking a walk on the beach too. (He is a beach walker too).
Luke Skywalker aime aussi se promener sur la plage.

g. through

Ex. : You can have a look through the window and see the stars and constellations on your left. On your right, you can see the remains of Captain Speak's spaceship which smashed into meteorites in 2015.

Vous pouvez regarder à travers le hublot pour voir les étoiles et les constellations sur votre gauche. À droite, les vestiges de la météorite où s'encastra le capitaine Speak en 2015.

h. behind

Ex.: Don't turn around! There is a space creature behind you.
Ne te retourne pas! Il y a une créature de l'espace derrière toi.

i. into

« Into » indique qu'il y a un mouvement de quelqu'un ou de quelque chose vers l'intérieur.

Ex.: You can't insert a coin into this! It is not a coffee machine, it's Darth Vader!
Non, tu ne peux pas mettre une pièce là-dedans! Ce n'est pas une machine à café, c'est Dark Vador!

j. on

k. close to

Les quatre prépositions « close to », « by », « near », « next to » ont le sens de *près de*.

Ex.: Captain Speak wants me to stay next to him and hold his hand during take-off.
Le capitaine Speak veut que je reste à côté de lui et que je lui tienne la main pendant le décollage.

l. above

Ex.: Master Yoda! Please, stop levitating above me when I'm speaking to you!
Maître Yoda! S'il te plaît, arrête de léviter au-dessus de moi lorsque je te parle!

m. inside

Ex.: Look inside the meteorite, you will see captain Speak!
Regarde à l'intérieur de la météorite, c'est le capitaine Speak!

n. under

Ex.: Welcome on board the shuttle! In case of emergency, don't try to open the door, look for the Bible under your seat instead.
Bienvenue à bord de la navette! En cas d'urgence, n'essayez pas d'ouvrir la porte mais cherchez plutôt la Bible située sous votre siège.

7

Holidays hit

Hotel selection/Choisir son hôtel

Qui n'a pas tremblé à l'idée que l'hôtel de rêve réservé pour les vacances ne soit en fait qu'une vulgaire caravane ou un bunker sans fenêtre ? Et lorsqu'il faut faire une réservation en anglais, l'angoisse redouble. Pour éviter les mauvaises surprises, nous vous proposons un test qui évaluera vos capacités à réserver une chambre digne de ce nom. Au pire, vous raterez vos vacances... sur le papier ! Dans ce chapitre, vous devrez aussi dater et exprimer le futur. Ah, vous les aurez bien méritées vos vacances !

A room with a view
(donner la date et exprimer le futur)

Complétez les phrases suivantes avec la proposition qui convient en ne donnant qu'une seule réponse. Reportez-vous ensuite à la grille des points et découvrez la destination de vos prochaines vacances.

Questions de grammaire

1. You sent a fax to book your hotel room on :
   a. February 24
   b. February the 24th
   c. february 24
   d. February the 24

2. You received the fax conforming your booking on :
   a. the 26th February
   b. 26th February
   c. the 26 February
   d. the 26th of February

3. You leave the hotel :
  a. on 2st March
  b. on 2th March
  c. on 2rd March
  d. on 2nd March

4. You can't say :
  a. I will arrive tomorrow.
  b. I shall arrive tomorrow.
  c. I well arrive tomorrow.
  d. I'll arrive tomorrow.

5. You can't say :
  a. I will not forget my toothbrush.
  b. I shan't forget my toothbrush.
  c. I won't forget my toothbrush.
  d. I willn't forget my toothbrush.

6. You can't say :
  a. I will have my first diving lesson at 9.00 a.m.
  b. I shall going to have my first diving lesson at 9.00 a.m.
  c. I have my first diving lesson at 9.00 a.m.
  d. I'm having my first diving lesson at 9.00 a.m.

7. If I'm not on time... :
  a. ... I missed my reservation.
  b. ... I'm missing my reservation.
  c. ... I'm going to miss my reservation.
  d. ... I am about to miss my reservation.

8. I can't speak to you right now because :
  a. I'm about to go on holiday.
  b. I will go on holiday.
  c. I shall go on holiday.
  d. I go on holiday.

9. I will leave :
  a. when I will be ready.
  b. when I'm going to be ready.
  c. when I shall be ready.
  d. when I'm ready.

10. For breakfast, you don't want to have :
  a. a roll
  b. a root
  c. a muffin
  d. a bun

Questions de goûts
(répondez uniquement en fonction de vos préférences)

11. In your opinion, the best accommodation is :
  a. a room shortage
  b. a vacancy
  c. full board
  d. half board

12. You will choose a hotel :
  a. with access to the seafront by car
  b. with a view overlooking the sea
  c. facing the sea
  d. overlooking sewage flowing into the sea

13. The most important thing is :
  a. to have room service and air conditioning in your bedroom
  b. to have a bathtub or shower in your bedroom
  c. to have modern conveniences in your bedroom
  d. to have a wardrobe in your bedroom

14. The worst thing you are most afraid of finding in your accommodation is :
  a. cockroaches in your bed
  b. tepid water in the shower
  c. thin partitions between rooms
  d. tiling in the bathroom instead of marble

15. You like eating :
  a. lobster in a five-star restaurant
  b. ready-made meals on a loading bay
  c. fish and chips on the seafront
  d. fun cooking in a renowned restaurant

Une panne de vocabulaire ?

Accommodation : *logement*
To book : *réserver*
Diving : *plongée*
To mean (meant, meant) :
  signifier
Nervous breakdown : *dépression*
  nerveuse

Ready : *prêt*
Sea : *mer*
Toothbrush : *brosse à dents*
The worst : *le pire*

Réponses

Questions de grammaire

1. a
February 24 peut aussi s'écrire February 24th.
⚠ Le nom du mois prend toujours une majuscule.
À l'oral, on dira : « February the twenty-fourth ». Les Américains disent « February twenty-fourth ».
  Ex. : It was April 21. Marvin asked :
  « What's the date today ?
  — It is April the twenty-first.
  — Isn't it your birthday ? »
C'était le 21 avril. Marvin demanda :
« Quel jour sommes-nous ?
— Nous sommes le 21 avril.
— N'est-ce pas le jour de ton anniversaire ? »

2. b
24th December peut aussi s'écrire 24 December. À l'oral, on dira : « the twenty-fourth of December ».
  Ex. : It was 21 April. Marvin asked :
  — « What's the date today ?
  — It is the twenty-first of April, it's my birthday, remember ! »
C'était le 21 avril. Marvin demanda :
— « Quelle est la date aujourd'hui ?
— Nous sommes le 21 avril, le jour de mon anniversaire, souviens-toi ! »

3. d
On note le numéro du jour en le faisant suivre des deux dernières lettres de l'ordinal correspondant:
1st: the first – 2nd: the second – 3rd: the third – 4th: the fourth.
Ex.: We'll meet on October 2nd. *Nous nous verrons le 2 octobre.*

À partir du chiffre 4, on ajoute toujours «th»:
6th: the sixth – 7th: the seventh…
Il faut tenir compte des exceptions orthographiques de certains nombres:
5th: the fifth – 9th: the ninth – 12th: the twelfth.

Les composés de first, second, third se forment de la même manière: 21st, 42nd, 53rd…
Ex.: «I thought your birthday was on the 22nd or the 23rd. I'm so sorry!»
«*Je croyais que ton anniversaire était le 22 ou le 23. Je suis désolé!*»

4. c
On exprime le futur en faisant précéder le verbe sans «to» de «will».
Ex.: I will survive in the Hotel California, it's such a lovely place. *Je survivrai dans l'hôtel Californie, c'est un si bel endroit.*

«Shall» s'emploie aux premières personnes du singulier et du pluriel «I» et «we». Il est surtout utilisé dans une langue soutenue.
Ex.: We shall go into town. *Nous irons en ville.*

5. d
À la forme négative, la contraction de «will not» est «won't» et celle de «shall not» est «shan't».
Ex.: I won't stay long. *Je ne resterai pas longtemps.*

6. b
On peut répondre par un futur avec «will», un présent progressif ou un présent simple qui s'emploie lorsqu'il s'agit d'horaires ou d'emploi du temps qui ne dépendent pas du sujet. La forme proposée en **b.** ne correspond à rien de connu en anglais.
Ex.: You will check into the hotel after 2 o'clock. *Vous vous présenterez à l'hôtel à 14 heures.*
I must hurry and pack, it's already 10.30 a.m. and I am checking out at 11.00 a.m. *Je dois me dépêcher de faire ma valise, il est déjà 10 h 30 et je rends ma clé à 11 heures.*

The train to London leaves at 2.45 p.m. *Le train pour Londres part à 14 h 45.*

7. c
« Be going to » permet d'exprimer un futur proche, une intention, une décision, ou ce qui va se passer en fonction du présent.
Ex. : I am going to like it here. *Je vais apprécier d'être ici.*

8. a
« To be about to » permet d'exprimer un futur imminent = *être sur le point de.*
Ex. : I am about to have a nervous breakdown, because a baby in the room next door has been crying for ages.
Je suis sur le point de craquer nerveusement, car un bébé dans la chambre voisine pleure depuis des lustres.

9. d
Dans une subordonnée, après une conjonction de temps introduite par « when », « whenever », « as soon as », « as long as », l'idée de futur est toujours exprimée par un présent simple.
Ex. : Whenever you leave your hotel room, you will have to return your key to the main desk.
À chaque fois que vous quitterez votre chambre, vous devrez rendre votre clé à la réception.

10. b
Roll : *un petit pain.*
Root : *une racine.*
Muffin : *un muffin.*
Bun : *une brioche.*

Questions de goûts

11.
Shortage of rooms : *pénurie de chambre.*
A vacancy : *une chambre à louer.*
Full board : *une pension complète.*
Half board : *une demi-pension.*

12.
With access to the seafront by car : *avec un accès à la mer en voiture.*
With a view overlooking the sea : *avec une vue surplombant la mer.*

Facing the sea : *face à la mer.*
Overlooking sewage flowing into the sea : *surplombant un système d'évacuation des eaux usées se déversant dans la mer.*

13.

To have room service and air conditioning in your bedroom : *avoir une chambre avec un service d'étage et l'air conditionné.*
To have a bathtub or shower in your bedroom : *avoir une chambre avec baignoire ou douche.*
To have modern conveniences in your bedroom : *avoir une chambre avec tout le confort moderne.*
To have a wardrobe in your bedroom : *avoir une chambre avec une penderie.*

14.

Cockroaches in your bed : *des cafards dans le lit.*
Tepid water in the showe : *de l'eau tiède sous la douche.*
Thin partitions between rooms : *des cloisons fines entre les chambres.*
Tiling in the bathroom instead of marble : *du carrelage à la place du marbre dans la salle de bains.*

15.

Lobster in a five-star restaurant : *du homard dans un restaurant cinq étoiles.*
Ready-made meals on a loading bay : *des plats tout prêts sur une aire de chargement.*
Fish and chips on the seafront : *du poisson et des frites face à la mer.*
Fun cooking in a renowned restaurant : *de la cuisine originale dans un restaurant renommé.*

Pour compter vos points, reportez-vous au tableau ci-dessous et découvrez votre lieu de vacances :

	1	2	3	4	5	6	7	8	9	10	11	12	13	14	15
a	4	0	0	0	0	0	0	4	0	0	1	2	4	1	4
b	0	4	0	0	0	4	0	0	0	4	2	3	2	3	1
c	0	0	0	4	0	0	4	0	0	0	4	4	3	2	2
d	0	0	4	0	4	0	0	0	4	0	3	1	1	4	3

Vous avez entre 51 et 60 points :

Pour vous, tout est calme, luxe et volupté. Vous avez fait vos réservations à temps, vous vous êtes assuré des moindres détails matériels, vous pouvez partir l'esprit tranquille et profiter de votre cinq-étoiles en toute quiétude. Vous profiterez du charme des hôtels de standing, des pas feutrés des serveurs discrets, des repas gastronomiques et d'un accès direct à la plage privée. Peu de surprises, peu d'aventures, mais le repos aussi complet que votre pension. À la limite de l'ennui...

Vous avez entre 31 et 50 points :

Vous êtes la victime type du « surbooking ». Vous avez correctement réservé votre chambre, vous aviez les photos de l'hôtel que vos amis ont admirées, mais pas de chance, votre réservation a été égarée et vous allez être relogé dans un studio jouxtant l'hôtel. Une solution de rechange agréable, dans une maison charmante, mais tout de même un peu décevante. Pour vous consoler, l'hôtel vous dédommagera en vous fournissant deux fois plus de mini-savons que d'habitude et en renouvelant ses excuses au moins trois fois par jour.

Vous avez entre 11 et 30 points :

Vous avez osé vous lancer dans la réservation d'une chambre d'hôtel, bravo ! Ce premier essai n'est pas à la hauteur de vos espérances ? Ne vous découragez pas, vous ferez mieux la prochaine fois. Certes, vous ne pouvez admirer la mer que depuis la fenêtre du couloir et il vous faut prendre la voiture pour trouver un restaurant ouvert. Mais pensez aux bons souvenirs que vous aurez à raconter dans quelques années, lorsque vous aurez soigné vos rhumatismes (la chambre était tout de même drôlement humide).

Vous avez entre 5 et 10 points :

Prenez une tente de sûreté avec vous et quelques couvertures de survie pour partir en vacances. En effet, vous préférerez peut-être dormir à la belle étoile plutôt qu'affronter le logement décrépit avec vue sur parking que vous avez réservé bien malgré vous. Heureusement, vous avez une âme d'aventurier, ce ne sont pas les contingences matérielles qui vont vous empêcher de découvrir le monde. La prochaine fois, relisez tout de même votre contrat d'assurance avant de partir.

8

Sea, sand and sun

At the beach/À la plage

Ah! La plage! Le soleil! Les vagues écumeuses! Les coquillages scintillants! Et toutes ces mères attentives au confort et à la sécurité de leurs bambins! Intéressons-nous à celle de Brian, petit garçon turbulent. Il a besoin de conseils, de suggestions, de permissions et d'interdictions. Ce sont les moyens de les exprimer que nous allons découvrir, à travers l'étude des modaux. Creusez-vous les méninges et aplanissez les difficultés: à vos pelles et à vos râteaux!

Rights and duties on the beach *(un modèle de modaux)*

Une seule réponse est possible, vous devez donc choisir le modal le plus approprié en reliant les éléments.

You can •

You could •

You cannot •

You might •

You mustn't •

You must •

You don't have to •

• play with strange animals, especially if they have sharp teeth.

• get sunburnt if you take your hat off.

• wear a bathing suit, nudity is illegal.

• chat that nice lady up, you are far too young.

• swim perfectly without arm bands.

• wear sunglasses if you don't want to.

• go swimming if you had your bathing suit on.

En combien d'indices? *(les modaux encore)*

Vous devez retrouver des modaux au moyen d'indices. Pour vous aider davantage, ils sont représentés au départ avec leur nombre de lettres.
Ex. : I would like __ __ __ __ __ __ __ __ __ __ swim.

Premier indice : ce modal exprime la capacité.
Deuxième indice : il peut se mettre à tous les temps.
Troisième indice : c'est un équivalent de « can ». Il lui sert d'infinitif, notamment.

Solution : I would like **to be able to** swim.

1. __ __ __ I use your rubber ring, please?

2. I __ __ __ __ __ __ __ swim more if I want to cross the Channel.

3. __ __ __ __ __ I have a glass of water, please?

4. You __ __ __ __ __ __ __ inform the lifeguards if you want to go swimming past the safety net.

5. __ __ __ __ __ we swim?

6. How __ __ __ __ you suggest such a thing?

7. You'll __ __ __ __ __ __ stay where you can touch the bottom.

8. You are not __ __ __ __ __ __ __ __ __ __ have a dog on this beach.

9. Do you really __ __ __ __ to dig under my towel to find the treasure?

10. I __ __ __ __ __ __ __ put my head under the water.

11. You __ __ __ ' __ __ __ __ __ __ __ collect so many shells.

12. Be careful! You __ __ __ __ __ hurt someone with your harpoon.

13. __ __ __ __ __ __ you please take your snorkel mask off?

14. You __ __ __ __ __ __ __ __ ' __ play beach volleyball with your arm in plaster.

Premiers indices

1. Il marque la permission.
2. Il sert à exprimer un conseil amical ou moral.
3. Il est utilisé pour demander une permission et faire une demande polie.
4. Il sert à donner un conseil.
5. Il permet de faire une suggestion.
6. Ce modal peut être utilisé comme un verbe ordinaire.
7. Il marque l'obligation.
8. Il marque la permission, le droit.
9. Il marque la nécessité.
10. Il marque l'incapacité.
11. Il marque l'absence d'obligation.
12. Il exprime une possibilité peu forte, pour donner ou demander une permission.
13. Il sert à l'expression de la volonté.
14. Il exprime un reproche.

Deuxièmes indices

1. Il exprime une politesse marquée.
2. Il s'emploie dans un contexte de présent ou de futur.
3. Il peut exprimer un imparfait.
4. Il exprime parfois une probabilité.
5. Il exprime aussi une invitation à la forme interrogative.
6. Il a un présent et un prétérit et ne s'emploie que sous la forme interrogative ou négative.
7. Il peut se mettre à tous les temps.
8. Il existe à tous les temps.
9. Il s'emploie principalement aux formes négative et interrogative.
10. Il a une forme contractée plus courante.
11. Il s'emploie à tous les temps.
12. Il s'emploie aussi pour faire une suggestion.
13. Il est plus poli que « will ».
14. C'est une forme négative contractée.

Troisièmes indices

1. Il peut se traduire par *il se peut que...*
2. Il est le seul modal à être suivi de « to ».
3. Il indique aussi une capacité.
4. Il se traduit en français à la 3e pers. du sing. par *devrait*.
5. Il s'emploie dans les engagements solennels.

6. Il est de plus en plus remplacé par « not to be afraid to ».

7. C'est un équivalent de « must ».

8. C'est un équivalent de « can ».

9. À la forme interrogative, il a le sens voisin de « must », mais il laisse espérer une réponse négative.

10. Il ne s'emploie qu'au présent.

11. Il est l'équivalent de « needn't ».

12. Il peut se traduire en français par le conditionnel de *pouvoir*.

13. Il marque aussi l'habitude dans le passé.

14. Il peut se traduire en français par le conditionnel de *devoir*.

Paroles de mère *(les modaux toujours)*

1. Stop it Brian! You _____ try to catch that poor man in your fishnet. He is not a lobster! He's just red because he is sunburnt.
must/mustn't/are not allowed to

2. You _____ have a look! The sea is bright, the sand is warm, the sky is blue... OK, well, I know, the campsite bin is also blue.
should/mustn't/are able to

3. Brian, you _____ build a castle, but do not bombard me with wet sand!
can/must/need

4. You _____ be ashamed! You shouldn't have put that disgusting jelly fish on that poor man's head.
can/ought to/need

5. Brian, you _____ take your snorkel mask with you, it is low tide.
needn't/can/shall

6. Brian, please, _____ you give me my swimsuit back? It's not a kite!
could/are able to/should

7. _____ we play something else? I'm fed up with being drowned and rescued by you.
must/ought to/shall

8. Excuse me, Madam! _____ I ask you a favour? Could you look after my son for a while, I just want to... Alright! Don't worry, I

understand that you are on holiday and that you don't want to be bothered by such a rude boy...
should/may/would

Une panne de vocabulaire ?

Also : *aussi*
Arm bands : *brassards*
To be (was, been) ashamed : *avoir honte*
At low tide : *à marée basse*
Bathing suit : *maillot de bain*
Bin : *poubelle*
To be (was, been) bothered : *être dérangé*
Bright : *éclatant, lumineux*
To build (built, built) : *construire*
Campsite : *camping*
To catch (caught, caught) : *attraper*
To chat up : *draguer*
To dig : *creuser*
Disgusting : *dégoûtant*
To drown : *se noyer*
To be drowned : *être noyé*
Duty : *devoir*
Far too + adj. : *beaucoup trop*
To be (was, been) fed up : *en avoir assez*
Fishnet : *filet à poissons*
Jelly fish : *méduse*

Kite : *cerf-volant*
Lifeguard : *sauveteur*
Lobster : *homard*
Net : *filet*
Plaster : *plâtre*
To be (was, been) rescued : *être sauvé*
Rubber ring : *bouée*
Rude : *mal élevé*
Safety net : *barrière de sécurité*
Sand : *sable*
Sea : *mer*
Sharp : *acéré*
Shell : *coquillage*
Snorkel mask : *le masque de plongée*
To be (was, been) sunburnt : *avoir un coup de soleil*
Sunglasses : *lunettes de soleil*
Swimsuit : *maillot de bain*
To take (took, taken) off : *enlever*
To touch the bottom : *avoir pied*
Towel : *serviette*
Wet : *mouillé*
While (a) : *un moment*

Réponses

Rappelons tout d'abord que les modaux n'ont ni infinitif ni prétérit, qu'ils ne prennent pas de « s » à la troisième personne du singulier, qu'ils ne s'emploient pas avec « do » à la forme négative ou interrogative et qu'ils sont suivis d'un infinitif sans « to » (sauf « ought to »).

Rights and duties on the beach

1. <u>You can</u> swim perfectly without armbands.
« Can » exprime une capacité physique ou intellectuelle. Il se traduit par le verbe *savoir*.
   Ex. : You can swim! That's great! *Tu sais nager! C'est super!*

2. <u>You could</u> go swimming if you had your bathing suit on.
« Could » sert de prétérit (et de conditionnel) à « can ».
   Ex. : When I was young, I could swim as far as the horizon.
   Quand j'étais jeune, je pouvais nager jusqu'à l'horizon.

3. <u>You cannot</u> chat that nice lady up, you are far too young.
« Cannot » marque l'absence de capacité physique ou intellectuelle.
   Ex. : I cannot carry the towels, the beach umbrella, the icebox, the rubber rings, the folding stools, the bucket, the spade, alone.
   Je ne peux pas porter tout seul les serviettes, le parasol, la glacière, les bouées, les pliants, le seau et la pelle.

4. <u>You might</u> get sunburnt if you take your hat off.
« Might » s'emploie ici pour exprimer une possibilité, pour dire ce qui risque d'arriver.
   Ex. : Don't play with Daddy's hooks, you might get hurt.
   Ne joue pas avec les hameçons de papa, tu pourrais te blesser.

5. <u>You mustn't</u> play with strange animals, especially if they have sharp teeth.
« Musn't » marque une interdiction.
   Ex. : You mustn't go into the water, the flag is red.
   Tu ne dois pas aller dans l'eau, le drapeau est rouge.

6. <u>You must</u> wear a bathing suit, nudity is illegal.
« Must » s'emploie pour exprimer une obligation, donner un ordre.
   Ex. : You must stay here because I need to be able to see you.
   Tu dois rester là parce que je veux te voir.

7. <u>You don't have to</u> wear sunglasses if you don't want to.

« Don't have to » suppose un choix. Il y a absence de nécessité : tu n'es pas obligé de...

Ex. : You don't have to stay in the water if you are cold. Your lips are blue and your teeth are chattering.

Tu n'es pas obligé de rester dans l'eau si tu as froid. Tes lèvres sont bleues et tu claques des dents.

En combien d'indices ?

1. may

Ex. : May I use your rubber ring, please ? *Puis-je utiliser votre bouée ?*

2. ought to

Ex. : You ought to take lessons. *Vous devriez prendre des leçons.*

⚠ « Have to » et « be able to » ne sont pas des auxiliaires de modalités, mais des expressions. Elles sont nécessaires pour former les autres temps de « must », « can » et « could ».

3. could

Ex. : Could I have a glass of water, please ? *Pourrais-je avoir un verre d'eau, s'il vous plaît ?*

4. should

Ex. : You should inform the lifeguards if you want to go swimming past the safety net. *Tu devrais prévenir les sauveteurs si tu veux nager au-delà de la barrière de sécurité.*

5. shall

Ex. : Shall we swim ? *On va nager ?*

6. dare

Ex. : How dare you suggest such a thing ? *Comment osez-vous suggérer une chose pareille ?*

7. have to

Ex. : You'll have to stay where you can touch the bottom. *Tu devras rester où tu as pied.*

8. (be) allowed to

Ex. : You are not allowed to have a dog on this beach.
Vous n'avez pas le droit d'avoir un chien sur cette plage.

9. need
   Ex. : Do you really need to dig under my towel to find the treasure ? *Faut-il vraiment que tu creuses exactement sous ma serviette pour trouver le trésor ?*

10. cannot
   Ex. : I cannot put my head under the water, I hate swallowing mouthfuls of water. *Je ne peux pas mettre la tête sous l'eau, je déteste boire la tasse.*

11. don't have to
   Ex. : You don't have to collect so many shells.
   Tu n'es pas obligé de ramasser autant de coquillages.

12. might
   Ex. : Be careful ! You might hurt someone with your harpoon.
   Attention ! Tu pourrais blesser quelqu'un avec ton harpon.

13. would
   Ex. : Would you please take your snorkel mask off ? I know who is behind the glass and it's not Zorro !
   Tu voudrais bien enlever ce masque de plongée ? Je sais qui est derrière le verre et ce n'est pas Zorro !

14. shouldn't
   « Shouldn't » permet de donner des conseils.
   Ex. : You shouldn't play beach volleyball with your arm in plaster.
   Tu ne devrais pas jouer au beach volley avec ton bras dans le plâtre.

Paroles de mère

1. mustn't
2. should
3. can
4. ought to
5. needn't
« Needn't » marque l'absence de nécessité : il n'est pas nécessaire que tu...
   Ex. : You needn't collect so many shells. I asked you for a necklace, not a bedspread. *Tu n'as pas besoin de ramasser autant de coquillages, je t'ai demandé un collier, pas un couvre-lit.*
6. could
7. shall
8. may
« Might » s'emploie très rarement pour demander une permission.

9

Enough is enough !

Overeating/Se nourrir en quantité

« Si les Anglais peuvent survivre à leur cuisine, ils peuvent survivre à n'importe quoi », disait le poète irlandais George Bernard Shaw. Tout semble dit, et pourtant... Insurgeons-nous contre les idées toutes faites ! L'important est de ne pas se tromper sur les quantités. Alors, avec la farine et les œufs, nous mettrons aussi une bonne dose de quantifieurs. Tout d'abord, vous devrez repérer les formulations correctes dans les phrases indiquées. Ensuite, il vous faudra rassembler les ingrédients de chaque recette proposée. Enfin, il faudra mettre la table. Puissiez-vous terminer ce chapitre en vous exclamant comme Paul Claudel : « Devant la cuisine anglaise, il n'y a qu'un mot : soit ! »

Anagrammes *(dresser la table)*

Pour dresser une jolie table et faire honneur à vos invités, remettez les lettres dans l'ordre à partir des anagrammes suivantes :

1. To eat a yogurt, you need a **sonop** _____ .

2. To drink water, you need a **lasgs** _____ .

3. To spread butter on your bread, you need a **enifk** _____ .

4. To put food into your mouth, you need a **kfro** _____ .

5. To serve a meal, you need a **talpe** _____ .

6. To protect the table, you need a **becaltothl** _____ .

7. To have a coffee, you need a **upc** _____ .

8. To serve a salad, you need a salad **wolb** _____ .

9. To serve water or wine, you need a **fceraa** _____ .

10. To clean the dishes, you need a **shhwrdaise** _____ .

Les ingrédients *(le vocabulaire de la nourriture)*

À vous de remettre les ingrédients proposés ci-dessous par ordre alphabétique dans la bonne recette. Attention! Quatre ingrédients n'ont rien à voir avec la cuisine!

bleach, bunch of fresh mint, cloves of garlic, cod liver oil, dry white wine, eggs, fir cone, flour, grated cheese, green peas, honey roasted ham, itching powder, pineapple slices, preserved fruit, prunes, raisins, shallots, tomatoes, white wine vinegar.

HOLLYWOOD SALAD	ROAST LEG OF LAMB with mint sauce	CHRISTMAS PUDDING
• 12 ounces (oz) _____	• 3 _____	• 5 ounces (oz) _____
• 5 _____	• 1 _____	• 5 ounces (oz) _____
• 8 ounces (oz) _____	• 3 tablespoons (tbsp) _____	• 12 ounces (oz) _____
• 4 _____	• 1 pound (lb) _____	• 4 _____
• 2 tablespoons (tbsp) _____	• 1 pint (pt) _____	• 5 ounces (oz) _____

A, B or both? That's the question *(les quantifieurs)*

Cochez les phrases correctes. Les deux cases A et B peuvent être parfois cochées.

	A	B
1. A. For breakfast, I would like to have <u>some</u> tea or <u>some</u> coffee. B. For breakfast, I would like to have <u>any</u> tea or <u>any</u> coffee.		
2. A. I haven't got <u>any</u> bread. B. I haven't got <u>some</u> bread.		
3. A. Would you like <u>some</u> Irish stew ? Help yourself ! B. Would you like <u>any</u> Irish stew ? Help yourself !		
4. A. Give me <u>any</u> jam ! Whichever you want, it doesn't matter. B. Give me <u>a few</u> jam ! Whichever you want, it doesn't matter.		
5. A. There is <u>no</u> Christmas pudding on the menu for August. B. There is <u>not any</u> Christmas pudding on the menu for August.		
6. A. Why does it take you <u>so many</u> time to prepare a meal ? B. Why does it take you <u>so much</u> time to prepare a meal ?		
7. A. Do you know <u>many</u> scone recipes ? B. Do you know <u>a lot of</u> scone recipes ?		
8. A. You took <u>too many</u> potatoes but you haven't taken enough cauliflower. B. You took <u>too much</u> potatoes but you haven't taken enough cauliflower.		
9. A. Can I have <u>a few</u> milk ? B. Can I have <u>a little</u> milk ?		
10. A. He had very <u>little</u> appetite. He only ate two pork chops. B. He had very <u>few</u> appetite. He only ate two pork chops.		

11. A. There are <u>several</u> kinds of sandwiches : tuna, cheddar, chicken, ham,
    cucumber, with mustard, gherkins and a choice of bread.
    B. There are <u>every</u> kinds of sandwiches : tuna, cheddar, chicken, ham,
    cucumber, with mustard, gherkins and a choice of bread.		

12. A. It is important to eat <u>each</u> meal <u>each</u> day. B. It is important to eat <u>every</u> meal <u>every</u> day.		
13. A. He has got sweets in <u>every</u> hand. B. He has got sweets in <u>both</u> hands.		

Une panne de vocabulaire?

Bread: *pain*
Butter: *beurre*
Cauliflower: *chou-fleur*
Cucumber: *concombre*
Chicken: *poulet*
To clean the dishes: *faire la vaisselle*
Dish: *plat*
Gherkin: *cornichon*
Ham: *jambon*
Help yourself: *servez-vous*
Jam: *confiture*
Lamb: *agneau*
It doesn't matter: *cela n'a pas d'importance*

Meal: *repas*
Milk: *lait*
Pork chop: *côtelette de porc*
Preserved fruit: *fruits confits*
Recipe: *recette*
Roast leg: *gigot*
Slice: *tranche*
To spread: *tartiner*
Stew: *ragoût*
Sweets: *bonbons*
Tablespoon: *cuillère à soupe*
Tuna: *thon*
Whichever: *n'importe lequel/laquelle*
Wine: *vin*

Réponses

Anagrammes

1. **spoon** = *cuillère*
2. **glass** = *verre*
3. **knife** = *couteau*
4. **fork** = *fourchette*
5. **plate** = *assiette*
6. **tablecloth** = *nappe*
7. **cup** = *tasse*
8. **bowl** = *saladier*
9. **carafe** = *carafe*
10. **dishwasher** = *lave-vaisselle*

Les ingrédients

Quelques rappels sur les mesures anglaises :
1 pound (lb) = 0,454 kg
1 ounce (oz) = 28,349 g
1 pint (pt) = 0,568 L

HOLLYWOOD SALAD	ROAST LEG OF LAMB with mint sauce	CHRISTMAS PUDDING
• 12 ounces (oz) **green peas** *petits pois* • 5 **pineapple slices** *tranches d'ananas* • 8 ounces (oz) **honey roasted ham** *jambon rôti au miel* • 4 **tomatoes** *tomates* • 2 tablespoons **grated cheese** *fromage râpé*	• 3 **cloves garlic** *gousses d'ail* • 1 **bunch fresh mint** *bouquet de menthe fraîche* • 3 tablespoons **white wine vinegar** *cuillères à soupe de vinaigre de vin blanc* • 1 pound (lb) **shallots** *échalotes* • 1 pint (pt) **dry white wine** *vin blanc sec*	• 5 ounces (oz) **prunes** *pruneaux* • 5 ounces (oz) **preserved fruit** *fruits confits* • 12 ounces (oz) **raisins** *raisins secs* • 4 **eggs** *œufs* • 5 ounces (oz) **flour** *farine*

Les ingrédients à éviter

cod liver oil : ***huile de foie de morue***
itching powder : ***poil à gratter***
bleach : ***eau de javel***
fir cone : ***pomme de pain***

A or B ? That's the question

1. A
« Some » et « any » indiquent une certaine quantité. Ils correspondent souvent au partitif français *du, de la*, qui désigne une quantité prélevée sur un tout indénombrable.
« Any » ne s'emploie pas avec le sens du partitif français à la forme affirmative.
    Ex. : I need some bicarbonate of soda. *J'ai besoin de bicarbonate de soude.*

2. A
Dans les phrases négatives, on emploie « any ».
    Ex. : I haven't got any mints. Sorry if I have bad breath.
    Je n'ai pas de pastilles de menthe. Désolé si j'ai mauvaise haleine.

3. A et B
Dans les phrases interrogatives, on emploie généralement « any » mais on peut utiliser « some » lorsqu'on attend une réponse positive.
    Ex. : Do you have any herbal tea ? *Est-ce que tu as de la tisane ?*
    Do you want to lose some weight ? Go on a diet ! *Tu veux perdre du poids ? Fais un régime !*

4. A

Lorsque « any » est employé dans une phrase affirmative, il a le sens de *n'importe lequel (laquelle)*.

« A few » ne peut être utilisé ici, car il doit être suivi d'un dénombrable pluriel (ce que l'on peut compter).

Ex. : I'm so sick. Any doctor will do.

Je suis tellement malade. N'importe quel docteur fera l'affaire.

I'll faint in a few minutes if you don't give me anything to eat.

Je vais m'évanouir dans quelques minutes si tu ne me donnes pas quelque chose à manger.

5. A et B

Dans les phrases négatives, on emploie « not any ». « Not any » peut être remplacé par « no ».

Ex. : There are not any meal substitutes in your cupboard.

There are no meal substitutes in your cupboard.

Il n'y a pas de substituts de repas dans ton placard.

6. B

« So much » *tant/autant/tellement* est suivi d'un indénombrable.

« So many » *tant/autant/tellement* est suivi d'un dénombrable pluriel.

Ex. : During my holidays, I put on so much weight !

Pendant mes vacances, j'ai pris tellement de poids !

You ate so many hamburgers ! Don't you care about your cholesterol ?

Tu as mangé tant de hamburgers ! Ne te préoccupes-tu pas de ton cholestérol ?

7. A et B

On peut remplacer « many » par « a lot of ».

Ex. : You must eat a lot of/many vegetables to be healthy.

Vous devez manger beaucoup de légumes pour être en bonne santé.

8. A

« Too much » et « too many » *trop de* répondent aux mêmes règles que « much » et « many », rencontrés dans la réponse 6.

Ex. : There are too many apples in your apple pie, it is more like an applesauce pie.

Tu as mis trop de pommes dans ton gâteau aux pommes. Cela ressemble plus à du gâteau à la compote.

You made too much tomato sauce. I lost my meatballs in it.

Tu as fait trop de sauce tomate. J'ai perdu mes boulettes de viande dedans.

9. B

« A little » est employé avec les indénombrables, « a few » avec les dénombrables.

Ex. : Good Lord! You need a little practice because you overcooked your strawberry jam. It tastes like roast chicken.

Mon dieu! Tu as besoin d'un peu d'entraînement parce que ta confiture est trop cuite. Elle a le goût de poulet rôti.

10. A

Même règle que précédemment.

⚠ On fait la même distinction entre « few » et « a few » qu'entre *peu de* et *un peu de.*

Ex. : He made few dinners with his friends at home. *Il faisait peu de dîners avec ses amis chez lui.*

He had a few problems cooking. *Il avait quelques difficultés à cuisiner.*

11. A

« Several » *plusieurs* est suivi d'un dénombrable pluriel.
« Every » *tout/tous* est suivi d'un dénombrable singulier.

Ex. : We tried in vain to teach her several recipes for Sunday lunch. *Nous avons essayé en vain de lui apprendre plusieurs recettes pour le repas du dimanche.*

Every Sunday, every week, she cooks cod. It's our English Cape Cod. *Tous les dimanches, toutes les semaines, elle cuisine de la morue. C'est notre Cap Cod anglais.* (Cape Cod [cap aux Morues] est une presqu'île de la côte est des États-Unis, très fréquentée par la haute bourgeoisie, notamment par la famille Kennedy).

12. A et B

« Every » et « each » ont ici le sens de *chaque* et sont suivis d'un singulier. « Each » a davantage le sens de *chacun, séparément,* « every » permet de considérer l'ensemble.

Ex. : Each dish at my mother-in-law's house is a dangerous adventure. *Chaque plat chez ma belle-mère est une aventure dangereuse.*

I hated every dish I tasted. *J'ai détesté chaque plat que j'ai goûté.*

13. B

« Every » ne peut pas s'employer lorsqu'il s'agit de deux personnes ou de deux choses. Il faut utiliser « both » ou « each ».

Ex. : What a mess! Are you cooking or are you redecorating the kitchen? Both, I'm afraid!

Quelle pagaille! Cuisines-tu ou refais-tu la cuisine? Les deux, j'en ai peur!

10
What's up, Doc?

Take care of yourself/Prenez soin de vous

Un bon check-up? Faites un état des lieux de vos crises morpho-logiques, de vos douleurs syntaxiques, de vos déficits en vocabulaire et vous éviterez la maladie grave, c'est sûr! Tout d'abord, évaluez votre connaissance du corps humain. Les tests du QCM vous per-mettront ensuite d'évaluer les taux de présent simple, de présent continu, de present perfect et de present perfect continu indispen-sables au bon fonctionnement de la langue. Vous obtiendrez ainsi votre bulletin de santé complet. Alors, c'est la forme?

Cherchez l'intrus *(les mots du corps)*

Certaines parties du corps sont incompatibles avec les actions décrites par les verbes. Entourez l'intrus à chaque fois.

1. You can keep... open.
   your mouth   your eyes   your ears   your nose

2. You can bend...
   your knee   your elbow   your wrist   your face

3. You can't kiss someone's...
   liver   forehead   cheek   hand

4. You can put... in plaster.
   your arm   your leg   your tongue   your foot

5. You can't use cream...
   on your brain   on your skin   on your bone   on your blood

QCM *(les différentes formes du présent)*

Cochez la case qui correspond à la forme verbale correcte.

1. The doctor told me to keep still, but right now…
❏ it is hurting a lot ❏ it hurts a lot
❏ it has hurt a lot ❏ it has been hurting a lot

2. Do not disturb! Grandpa…
❏ is taking his vitamins ❏ takes his vitamins
❏ has taken his vitamins ❏ has been taking his vitamins

3. Every morning, Grandpa…
❏ is taking his vitamins ❏ takes his vitamins
❏ has taken his vitamins ❏ has been taking his vitamins

4. Since 1920, Grandpa…
❏ is taking his vitamins ❏ takes his vitamins
❏ has taken his vitamins ❏ has been taking his vitamins

5. I'm glad that since 1920, Grandpa…
❏ is taking his vitamins ❏ takes his vitamins
❏ has taken his vitamins ❏ has been taking his vitamins

6. For years, Grandpa…
❏ is taking his vitamins ❏ takes his vitamins
❏ has taken his vitamins ❏ has been taking his vitamins

7. Even if they are not watered, hair and nails still…
❏ are growing ❏ grow
❏ have grown ❏ have been growing

8. Whenever she's ill,…
❏ she always complains ❏ she is always complaining
❏ she has always complained ❏ she has always been complaining

9. When she is sick, she is very annoying, because…
❏ she always complains ❏ she is always complaining
❏ she has always complained ❏ she has always been complaining

10. Oh my God, my left arm and my chest hurt; I can't breathe; I feel like fainting. I think I need to make an appointment with my doctor's secretary...
❏ I see him tomorrow   ❏ I'm seeing him tomorrow
❏ I have seen him tomorrow

11. Doctor, my husband... for three days, is it a Martian virus?
❏ is green   ❏ is being green   ❏ has been green

Une panne de vocabulaire ?

Appointment: *rendez-vous*
To bend (bent, bent): *plier*
To breathe: *respirer*
Chest: *poitrine*
To complain: *se plaindre*
To faint: *s'évanouir*
To feel (felt, felt) like: *avoir envie de*
To be (was, been) fed up with: *en avoir assez*
To grow (grew, grown): *croître*

To hurt (hurt, hurt): *faire mal*
Ill: *malade*
To keep (kept, kept) still: *rester tranquille*
Left: *gauche*
Painful: *pénible, douloureux*
Sick: *malade*
To shut (shut, shut): *fermer*
Still: *encore, toujours*
To water: *arroser*
Whenever: *quand, à chaque fois*

Réponses

Cherchez l'intrus

Seuls les intrus figurent en gras dans la liste ci-dessous.

1. mouth : *la bouche* ; eyes : *les yeux* ; ears : *les oreilles* ; **nose** : *le nez*

2. knee : *le genou* ; elbow : *le coude* ; wrist : *le poignet* ; **face** : *le visage*

3. liver : *le foie* ; forehead : *le front* ; cheek : *la joue* ; hand : *la main*

4. arm : *le bras* ; leg : *la jambe* ; **tongue** : *la langue* ; foot : *le pied*

5. on your brain : *sur le cerveau* ; **on your skin** : *sur la peau* ; on your bone : *sur les os* ; on your blood : *sur le sang*

QCM

1. it is hurting a lot
Le présent continu, en « be + ing », présente une action en cours de réalisation au moment où l'on parle.
  Ex. : Right now, I'm telling the doctor where it is hurting.
  En ce moment, j'explique au docteur où j'ai mal.

2. is taking his vitamins
Le présent continu décrit une action en train de se passer.
  Ex. : Oh, my God ! It's going down the wrong way.
  Oh, mon Dieu ! Il est en train d'avaler de travers.

3. takes his vitamins
Le présent simple exprime une action habituelle, répétée.
  Ex. : Every morning, he pays his tribute to medical progress.
  Tous les matins, il rend hommage aux progrès de la médecine.

4. has taken his vitamins (has been taking his vitamins est aussi correct, mais ne souligne pas la nuance explicitée dans la réponse suivante)
Le present perfect peut traduire le présent français. Il indique que l'action a débuté dans le passé mais se poursuit dans le présent. Il s'emploie avec « since » et « for ». Il s'agit de la simple énonciation des faits.
  ⚠ « Since » marque le point de départ de l'action ou une date.
  Ex. : Grandpa is in good health since he has been on his medication. *Grand-père est en bonne santé depuis qu'il est sous traitement.*

5. has been taking his vitamins
Le present perfect continu, comme le present perfect, peut traduire le présent français. Il indique aussi que l'action a débuté dans le passé et se poursuit dans le présent. Mais le point de vue est subjectif et le locuteur exprime une opinion, son point de vue sur l'action.

Ex. : He's been taking sleeping pills again ! *Il a encore pris des somnifères !*

6. has been taking his vitamins
On emploie le present perfect continu car on insiste sur le fait que grand-père continue à prendre ses médicaments.

⚠ « For » marque la durée.

Ex. : For a few days, Grandpa has been sneezing, sniffing because he has a stuffy nose. *Depuis quelques jours, grand-père éternue, renifle parce qu'il a le nez bouché.*

For few days, grandpa's health has seemed to get worst. *Depuis quelques jours, la santé de grand-père semble empirer.*

7. grow
Le présent simple sert à exprimer des vérités générales.

Ex. : When you stop being sick, you feel better. *Quand on arrête d'être malade, on se sent mieux.*

8. she always complains
Le présent simple indique la répétition.

9. she is always complaining
Le présent continu s'emploie aussi avec « always » pour indiquer une répétition (« always » a le sens de *tout le temps*).

Ex. : She is always calling her doctor when she has a headache. *Elle appelle tout le temps son médecin quand elle a mal à la tête.*

10. I'm seeing him tomorrow
Le présent continu peut traduire une idée de futur.

Ex. : Are you injured ? Calm down and wait. I'm calling a doctor. *Êtes-vous blessé ? Restez calme et attendez. J'appelle un médecin.*

11. has been green
⚠ Le present perfect utilisé avec « for » traduit le gallicisme *il y a... que/cela fait... que*

Ex. : For an hour, he has bled on the carpet. *Cela fait une heure qu'il saigne sur la moquette.*

11

See what I mean?

Past tenses/Les temps du passé

Bienvenue dans la maison londonienne de Freud, le célèbre psychanalyste! Eh oui, dans ce chapitre, vous allez suivre à la fois les méandres de l'inconscient... et ceux de la conjugaison du passé. Sigmund Freud va recevoir ses patients sous vos yeux : quelques schizophrènes, dont vous devrez trouver les personnalités d'adoption. Puis quelques névrosés : vous les aiderez à régler leurs problèmes avec le passé et avec leur place dans la fratrie. À quel point le passé agit-il sur le présent ? C'est tout le problème de l'inconscient et de la conjugaison anglaise!

Historical hysteria *(mais pour qui se prennent-ils ?)*

Choisissez entre les deux formes proposées pour traduire un passé composé français. Puis, trouvez pour chaque exemple quelle est l'identité historique adoptée par le patient de Freud, parmi celles qui vous sont proposées.

In a room, 20 Maresfield Gardens, London NW3 5SX

1. – I **(A) have forgotten/forgot** my name, doctor. But I know I **(B) have died/died** in Dallas in 1963. I need to know my name to be able to introduce myself. Can you help me ?

❏ Robert Kennedy ❏ Martin Luther King
❏ Malcolm X ❏ John Fitzgerald Kennedy

2. – I **(A) have married/married** six women and I **(B) have killed/killed** two of them. I'm the English murderous king. But, doctor, I **(C) haven't read/didn't read** the newspaper for years: do you know if the police are still looking for me?

❑ King Arthur ❑ Edward II ❑ George V ❑ Henry VIII

3. – I **(A) have been/was** the first American president. I **(B) have represented/have been representing** American values throughout American history. Let's see, I have a question for you now: **(C) I have lost/lost** my home in 1799. **(D) Have you seen/Did you see** it? I think it's white.

❑ Abraham Lincoln   ❑ George Washington
❑ Thomas Jefferson   ❑ Theodore Roosevelt

4. – I **(A) have had/had** a very nice crown. I **(B) have married/married** a German Prince. **(C) I reigned/have reigned** the longest.

❑ Victoria ❑ Elizabeth I ❑ Elizabeth II ❑ Mary I

Somewhere in the past *(l'univers du passé)*

Choisissez entre les deux formes proposées pour traduire un passé composé ou un imparfait français. Vous pouvez vous aider de la rubrique consacrée au vocabulaire p. 89 pour chercher les mots compliqués.

FREUD: Oedipus, how do you feel about your subconscious?
ŒDIPUS: It is working well. Two nights ago, I **(1) had/have had** a dream and last week, I only **(2) made/have made** three slips of the tongue, and two faulty actions. I can see clearly now.

FREUD: What about your dreams?
ŒDIPUS: It was actually a real nightmare. I **(3) was walking/had been walking** in a desert for days when I **(4) have met/met** a beast looking like a lion with wings and a woman's face. I **(5) was going/went** into town, when she **(6) asked/have asked** me a stupid question about a creature with four, two and three legs. I **(7) did not understand/have not understood** anything about this creature and as I **(8) wanted/have wanted** her to repeat the question, I **(9) said/have said**: «Hey man! Can you...» and that's when she completely **(10) vanished/has vanished**.

FREUD: And what about your slips of the tongue?
ŒDIPUS: Last week, instead of saying «son», I **(11) said/have said**

« brother » and instead of saying « daughter », I **(12) said/have said** « sister ». Anyway, it does not really matter because I **(13) used to think/thought** that my wife was my mother.

FREUD : What about recently ?
ŒDIPUS : I **(14) did/have done** a lot recently. As I **(15) was walking/had walked** past a man, I **(16) hit/have hit** him in the face. When I **(17) have leant/leant** over him I **(18) realized/have realized** he was dead.

FREUD : And how do you feel right now ?
ŒDIPUS : I have a complex, I'm afraid.

Family members

Retrouvez dans cette liste les membres de la famille dont voici les définitions.

Aunt/cousin/grandfather/grandmother/great-aunt/uncle.

1. She is my father's sister, she is my _____

2. He is my grandfather's son, he is my _____

3. He is my uncle's brother's father, he is my _____

4. She is my uncle's daughter, she is my _____

5. She is my father's brother's mother's sister,
she is my _____

6. She is my cousin's mother's mother, she is my _____

Une panne de vocabulaire?

To be able to: *être capable de*
Beast: *bête, animal*
Clearly: *clairement*
Crown: *couronne*
Ever since: *depuis ce temps*
Faulty action: *acte manqué*
To hit (hit, hit): *frapper*
To introduce oneself:
  se présenter
To lean (leant, leant):
  se pencher
To look for: *rechercher*
To look like: *ressembler*

Murderous: *meurtrier*
Nightmare: *cauchemar*
Slip of the tongue: *lapsus lin-
  guae*
Shrink: *psy*
Subconscious: *subconscient*
Throughout: *à travers*
Values: *valeurs*
To vanish: *disparaître*
To walk by: *passer à côté de*
Whole: *entier*
Wings: *ailes*
It works: *ça marche*

Réponses

Historical hysteria

1. John Fitzgerald Kennedy

(A) have forgotten
Le passé composé français peut correspondre au present perfect.
L'action passée a un rapport avec le présent. L'action est passée mais
le locuteur s'intéresse au résultat qui influe sur le présent.
    Ex.: I have lost my psychoanalyst's address. I can't make it to my
appointment. *J'ai perdu l'adresse de mon psychanalyste. Je ne peux
pas me rendre à ma séance.*
    L'AVIS DU PSY: L'acte manqué est évident: plutôt que de perdre
l'adresse, le patient aurait mieux fait de ne pas la demander. Il a
manqué un acte et une occasion de se taire.

(B) died
Le passé composé français peut correspondre aussi au prétérit. Il
s'agit d'une action passée, datée et terminée sans rapport avec le
présent.
    Ex.: I spent ten years seeing my shrink but I can't remember why.
J'ai passé dix ans chez le psy mais je ne me souviens plus pourquoi.
    L'AVIS DU PSY: Ce n'était pas un psy.

2. Henry VIII (prononcer Henry the eighth)

(A) married

(B) killed

(C) haven't read

Le present perfect s'utilise aussi lorsque l'action ne s'est pas produite depuis un certain temps, jusqu'au moment présent.

Ex. : I haven't felt so well for a long time.

Cela fait si longtemps que je ne me suis pas senti aussi bien.

L'AVIS DU PSY : Le patient prononce cette phrase plongé dans un état d'hypnose.

3. George Washington

(A) was

(B) have been representing

Le present perfect en « have been + ing » indique une action passée qui continue dans le présent ou qui vient juste de s'arrêter.

Ex. : I have been seeing a shrink all my life and I still don't know if I am a sociopath or a psychopath.

J'ai vu un psy toute ma vie et je ne sais toujours pas si je suis un sociopathe ou un psychopathe.

(C) lost

(D) Have you seen/did you see

Les deux réponses sont envisageables. Tout dépend si l'on attend une réponse qui permette de localiser la maison (dans ce cas la question a une répercussion sur le présent) ou bien s'il s'agit d'une simple question de curiosité : le locuteur peut avoir vu la maison sans savoir la localiser (la question concerne alors uniquement le passé et un fait s'étant déroulé dans le passé sans conséquence sur le présent).

4. Victoria

(A) had

(B) married

(C) reigned

Précisons que si la reine concernée avait été Elizabeth 2nd, le temps aurait été du present perfect en « have been + ing » puisque cette dernière continue à régner.

Somewhere in the past

(1) had

« Ago » *il y a* s'emploie avec le prétérit.

Ex. : I was perfectly stable two minutes ago. *J'étais parfaitement équilibré il y a deux minutes.*

L'AVIS DU PSY : Dieu ! que le temps passe vite !

(2) made

Le prétérit s'emploie pour une action passée, terminée et datée.

Ex. : I had a nervous breakdown last week.
J'ai fait une dépression nerveuse la semaine dernière.

(3) had been walking

Le past perfect continu « had been + ing » traduit un imparfait français. Il indique qu'une action était en cours dans le passé, lorsqu'un événement a eu lieu. Il est employé avec « since » et « for ».

Ex. : For years I had been thinking that I was having a nervous breakdown, when the psychiatrist told me he just thought I was human. *Je pensais depuis des années que j'étais dépressif quand le psychiatre m'a dit qu'il pensait que j'étais juste humain.*

(4) met

(5) was going

Le prétérit en « be + ing » indique qu'une action était en cours dans le passé, lorsqu'un événement a eu lieu. Il se traduit par un imparfait en français.

Ex. : I was speaking about my family story, when I realized I was alone lying on the couch, my analyst was gone and the door was closed. *Je parlais de l'histoire de ma famille, lorsque je me suis rendu compte que j'étais seul, allongé sur le divan, que mon analyste était parti et que la porte était fermée.*

(6) asked

(7) did not understand

(8) wanted

(9) said

(10) vanished

(11) said

(12) said

(13) used to think
L'expression « used to » s'utilise pour indiquer qu'une action a eu lieu uniquement dans le passé et qu'elle n'a pas de lien avec le présent.

Ex. : I used to cry for my bottle. *Je pleurais pour avoir mon biberon.*

« Used to » permet aussi d'exprimer une répétition fréquente dans le passé.

Ex. : I used to be thirsty after seeing my shrink.
J'avais soif (habituellement) après avoir vu mon psy.

⚠ Ne pas confondre avec l'expression « to be used to + v-ing » qui exprime une habitude. Elle peut être conjuguée à tous les temps contrairement à « used to » qui ne s'emploie qu'au passé.

Ex. : I am used to funding my analyst's skiing holidays. *J'ai l'habitude de financer les vacances au ski de mon analyste.*

(14) have done
Le present perfect est utilisé ici parce que l'action a des répercussions dans le présent (voir le premier exercice).

(15) was walking

(16) hit

(17) leant

(18) realized

Family members

1. aunt
Elle est la sœur de mon père, c'est ma tante.
2. uncle
Il est le fils de mon grand-père, c'est mon oncle.

3. grandfather
Il est le père du frère de mon oncle, c'est mon grand-père.

4. cousin
Elle est la fille de mon oncle, c'est ma cousine.

5. great-aunt
Elle est la sœur de la mère du frère de mon père, c'est ma grand-tante.

6. grandmother
Elle est la mère de la mère de ma cousine germaine, c'est ma grand-mère.

Index des notions grammaticales

Librio

814

Composition PCA - 44400 Rezé
Achevé d'imprimer en Italie par Grafica Veneta
en juin 2011 pour le compte de E.J.L.
87, quai Panhard-et-Levassor, 75013 Paris
EAN 9782277006237
1er dépôt légal dans la collection : février 2007

Diffusion France et étranger : Flammarion